KB079624

야무지게, 토론!

야무지게,

경제, 정치, 사회의 최첨단을 가로지르는
15가지 논쟁

박정란 지음

토론!

북트리거

차례

3

평등

사회 각 분야의 차별을 없앨 방법은 무엇일까?

4

기술 윤리

정보통신기술을 더 지혜롭게 이용할 수 있을까?

나의 주장을 '야무지게'
전달하고 싶은 여러분에게

우리는 하루에 몇 번이나 토론을 경험할까요? 토론이라고 하면 으레 떠오르는 장면이 있을 거예요. 점잖아 보이는 옷과 머리를 하고, 청중에 둘러싸여 단호한 얼굴로 의견을 펼치는 모습 말이에요. 학급 회의나 모의 토론을 떠올리는 사람도 있겠지요? 장난기 넘치던 모습은 온데간데없이, 진지한 얼굴로 토론에 임하는 친구들의 모습이요.

그런데 말이에요, 토론이 늘 이렇게 거창한 것만은 아니에요. "어떤 문제에 대하여 여러 사람이 의견을 말하며 논의함"이라는 토론의 사전적 정의처럼, 일상에서 찬성/반대로 나뉘어 의견을 주고받는 모든 상황을 크고 작은 토론이라고 볼 수 있지요. 그러니 토론을 어렵고 부담스럽게 생각하지 않았으면 좋겠어요.

토론을 잘한다는 건, 나의 주장을 상대에게 잘 전달한다는 것과 같아요. 나와 반대되는 생각을 지닌 사람을 설득하기 위해서

6

는 논리적으로 말해야 하거든요. 반면 아무런 근거 없이 '무조건 내 생각이 옳다'는 식으로 말하는 사람이나, 이랬다가 저랬다가 생각이 자주 바뀌는 사람의 주장에 귀 기울일 사람은 많지 않을 거예요.

토론을 시작하기 전에 가장 먼저 해야 할 일은 내 생각을 결정하고 정리하는 거예요. 하지만 실은 그보다 더 먼저 해야 할 일이 있어요. 어떤 문제에 관해 찬성할지 반대할지 선택하려면 그에 앞서 자료 조사를 꼭 해야 해요.

자료 조사는 다양한 매체와 정보 속에서 필요한 정보를 찾고 추리는 일이에요. 이때 중요한 과정 중 하나가 '가짜 뉴스'를 걸러 내는 거예요. 그러고 나서 최대한 객관적인 시각으로 찬성 및 반대 자료를 나누어 본 뒤에 나의 주장을 결정하면 좋아요. 이렇게 자료를 찾는 과정에서 내 주장의 근거가 마련될 거예요.

토론이 시작됐을 때 가장 유의해야 할 점은 논점을 흐리지 않는 거예요. 상대측 의견에 흔들려 주장이 오락가락하거나, 주제와 관계없는 이야기를 꺼내는 경우가 있거든요. 또 무조건 찬성하거나 반대하기 위해 논리적이지 않은 주장을 반복하거나, 상대측의 말꼬투리를 잡으려 들 때도 토론의 논점이 흐려지지요.

마지막으로 중요한 것은 상대측의 주장을 받아들이는 자세예요. 토론을 하는 이유는 모두를 위해 더 나은 결론을 끌어내기 위해서일 때가 많아요. 우리가 살아가는 데 더 좋은 결정을 내리기 위해, 많은 사람의 생각을 듣고 서로 다른 의견을 조율하는 거죠. 그렇기에 상대측의 의견을 잘 듣고, 받아들일 부분은 받아들이는 자세가 꼭 필요해요.

『야무지게, 토론!』은 토론을 어렵게 생각하는 친구들에게 도움을 주기 위해 만들어졌어요. 하나의 주제를 두고 어떻게 찬반 의견이 나뉘는지, 책 속에 등장하는 같은 또래 친구들이 어떤 방식으로 근거를 제시하고 주장을 내세우는지 확인해 볼 수 있지요. 지금 한국 사회에서 쟁점이 되고 있는 문제를 주제로 한 만큼, 여러분도 흥미롭게 토론에 참여할 수 있을 거예요.

자, 그럼 『야무지게, 토론!』과 함께 나의 주장을 야무지게 전달하는 방법을 연습해 볼까요?

2021년 여름
박정란

1 | 시장 개입

정부가 경제에 얼마나
관여해야 할까?

코로나 이익 공유제, 도입해야 할까

오늘은 '코로나 이익 공유제'를 주제로 토론하려고 해. 코로나 이익 공유제의 핵심은 '코로나19로 피해를 본 업계나 계층에, 이번 사태에도 호황을 누린 기업의 이익을 나누어 주자'는 거야. 유례없는 전염병으로 양극화(두 집단의 차이가 점점 커져 서로 멀어지는 것)가 심해지고 있으니 이를 완화하자는 취지지. 2021년 1월 여당인 더불어민주당에서 제도 도입을 논의에 올린 뒤, 찬반 여론이 엇갈리며 논란이 일었어.

코로나 이익 공유제를 찬성하는 측은 어려운 시기에 서로 돕고 고통을 나눠 사회연대를 이뤄야 한다고 주장해. 반대하는 측은 이 제도가 기업의 재산권을 침해하고 성장을 막는 요인이 될까 우려하지. 과연 코로나 이익 공유제는 양극화를 완화할 치료제일까, 아니면 혼란만 일으키고 또 다른 차별을 불러올 갈등 요인일까?

코로나 이익 공유제는 코로나19로 인해 심각해진 소득 불균형을 해결하기 위해 제안됐어. 그런데 이 제도가 도입된다는 것은 곧 정부가 시장경제에 개입한다는 의미이기도 해. '시장경제'란 자유경쟁의 원칙에 의해 시장에서 가격이 형성되는 경제체제를 말해.

하지만 오늘날 시장경제를 채택한 대다수 국가에서는 시장의 한계를 보완하기 위해 경제활동의 조정자로서 정부의 개입과 역할을 어느 정도 인정해. 정부는 불공정한 거래·독점 기업의 횡포·담합 행위 등을 단속하고 소비자의 권리를 보호하기 위한 장치를 마련하지. 국방·치안 등 시장에서 충분히 생산되지 못하는 영역의 공공재를 공급하고, 도로·교량·철도 같은 사회간접자본을 제공하기도 해. 그뿐만 아니라 시장경제에서 발생하는 실업, 소득 불균형, 인플레이션 등의 문제를 해결하기 위해 다양한 정책을 만들어 추진하지.

● 토론 전에 생각해 보기 ●

- ☐ 코로나19로 인해 전보다 더 많이 이용하게 된 상품이나 서비스는 무엇이 있을까?

- ☐ 코로나19로 인해 전보다 더 살기 어려워진 이들은 특히 어떤 이들일까?

- ☐ 기업이 수익을 올리려면 어떤 조건들이 필요할까?

- ☐ '코로나 이익 공유제' 도입에 대한 '나'의 생각은?

도움이 되는 자료들

코로나 불황 속
호황 누린 업종

코로나 극복 위한
기업의 사회 공헌

코로나19는 우리 사회의 양극화를 심화시켰어. 사회연대의 관점에서 코로나 이익 공유제가 도입되어야 한다고 생각해.

코로나19로 인한 사회적 거리 두기가 1년 넘게 계속되면서, 우리 사회의 양극화가 더욱더 심각해졌어. 이번 사태에도 네이버, 카카오 같은 인터넷 플랫폼 기업이나 배달 앱·게임·금융·비대면 관련 업종은 큰 이익을 거두었으니 말이야. 현대차증권에 따르면, 배달 앱 시장의 거래 금액은 2019년 약 7조 원에서 2020년 약 11조 6,000억 원으로 1.5배 이상 규모가 커졌어. 반면에 여행, 외식 등의 서비스 업종과 자영업자는 생계를 걱정할 정도로 막대한 피해를 보고 있지. 한국신용데이터에 따르면, 2020년 12월 마지막 주 전국 소상공인 매출은 전년 같은

기간의 66% 수준에 그쳤다고 해. 이 같은 상황에서 코로나 이익 공유제는 고통을 나누는 방식으로 양극화 문제를 해결하고, 어려움을 겪고 있는 업종 및 자영업자가 다시 일어설 수 있도록 도울 것으로 보여.

일부 사람들은 코로나 이익 공유제가 기업의 재산권을 침해한다고 우려하기도 해. 하지만 이 제도는 정부의 강제가 아닌 기업들의 자발적인 참여로 이뤄질 가능성이 커. 기업들이 능동적으로 이익 공유를 하도록 정부가 해당 기업에 세금이나 금융 혜택을 제공하려고 검토 중이지.

〈자료 1〉과 같은 사례도 일종의 코로나 이익 공유제로 볼 수 있어. 이 제도가 자리를 잡는다면 코로나19 극복만이 아니라 더 좋은 사회를 만드는 데에도 보탬이 될 거야.

〈자료 1〉 네이버, 소상공인에 480억 원 지원

인터넷 플랫폼 기업 네이버가 2021년 소상공인을 위해 이익을 사회에 환원한다고 발표했다('네이버 커넥트 2021' 온라인 기자간담회). 우선 네이버 플랫폼을 이용하는 창업 초기 중소상공인들이 시장에 자리 잡을 수 있도록 380억 원을 지원한다. 이에 더해 결제 수수료 면제 기간을 늘리고, 창업 과정에서 재무·회계 및 여러 분야에 대한 전문 상담을 해 주는 등 혜택을 제공할 예정이다. 또한 플랫폼을 이용하기 어려운 중소상공인을 위해 100억 원을 관련 기관에 기부하겠다고 밝혔다.

반대 1 ──────────

**기업의 성과는 다양한 요인을 통해 결정돼.
코로나19 수혜 기업과 피해 기업을
명확히 구분하기는 어려워.**

코로나19로 발생한 기업의 손익을 명확히 측정하는 것은 현실적으로 매우 어려워. 기업의 손익은 코로나19라는 특수한 상황 외에도 세계 경제 흐름, 제품의 경쟁력, 마케팅 역량, 환율 등 다양한 요인으로 결정되기 때문이야.

코로나19로 인한 이익을 공유해야 하는 기업과 업종으로, 반도체·전자·인터넷 플랫폼·게임·배달 앱 등이 거론되고 있는데, 이들이 단지 코로나19만의 영향으로 큰 성과를 거뒀다고 볼 수는 없어. 반도체·전자 업계는 오래전부터 미래를 내다보고 설비에 투자하며 기술을 개발해 왔어. 인터넷 플랫폼과 게임 업계 또한 해마다 어마어마한 투자 비용을 들여 콘텐츠를 개발했지.

더군다나 상당수의 기업은 지금까지 국가적 재난을 극복하고 소상공인과 함께 살기 위해 적극적으로 노력해 왔어. 네이버와 카카오는 수해나 산불 등 각종 재난이 일어났을 때 큰돈을 기부했고, 소상공인들이 모바일과 인터넷으로 상품을 판매할 수 있도록 도왔어. 배달 앱 업체 우아한형제들은 코로나19 사태 이후 자영업자들에게 광고비와 수수료를 환급해 줬지. 이처럼 해당 기업들은 이익을 거둔 만큼 세금을 내고 이미 다양한 방식으로 사회 공헌을 하고 있는데, 어떤 기준과 근거로 이보다 이익을 더 많이 공유하라는 건지 의문이야.

　　또한 〈자료 2〉에서 볼 수 있듯 코로나 이익 공유제로 기업의 이익이 감소하면 주가 하락, 배당 감소 등으로 주주의 재산권이 침해당할 수 있다는 의견도 많아.

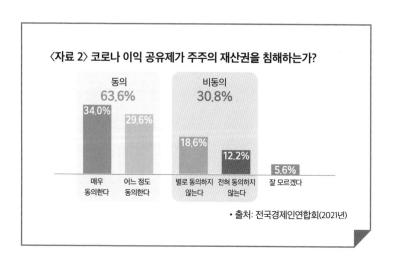

〈자료 2〉 코로나 이익 공유제가 주주의 재산권을 침해하는가?

동의
63.6%

34.0%
29.6%

비동의
30.8%

18.6%
12.2%

매우
동의한다
어느 정도
동의한다
별로 동의하지
않는다
전혀 동의하지
않는다
5.6%
잘 모르겠다

• 출처: 전국경제인연합회(2021년)

**최근 기업의 사회적 가치를 높이는
활동이 점점 중요해지고 있어.
코로나 이익 공유제에 참여해 공익적인
면모를 보여 주면 기업이 성장하는 데에도
도움이 될 거야.**

최근 몇 년 사이에 'ESG 경영'의 중요성이 강조되고 있어. ESG는 '환경 Environment, 사회 Social, 지배 구조 Governance'의 줄임말이야. 기업이 자원 재활용 등을 통해 환경을 보호하고, 소외 계층에 대한 지원 및 사회 공헌 활동을 하며, 법과 윤리를 철저히 준수하는 지배 구조를 확립하는 등, 이윤뿐 아니라 지속 가능한 성장 또한 추구하는 방식이지. 이러한 경영 방식에서는 주주뿐 아니라 임직원, 소비자, 협력 업체, 지역공동체 모두가 기업의 주인이라고 볼 수 있어.

유럽이나 미국 등 선진국의 투자자들은 기업의 ESG 활동을 투자의 중요한 기준으로 삼고 있어. 환경과 사회에 기여하는 '착한 기업'일수록 안정적으로 성장할 거라고 판단해서야.

코로나19는 이러한 ESG 경영이 확산하는 데 결정적인 계기가 됐어. 〈자료 3〉에서 볼 수 있듯 우리나라에서도 여러 기업이 사회적 책임을 앞세우며 코로나19로 어려움을 겪는 계층을 도운 사례가 있지. 이 같은 활동은 기업이 이미지를 개선하고 투자자들에게 긍정적인 평가를 받는 기준이 됐어. ESG 경영이 기업의 이익과 직결되는 요인으로 작용하게 된 거야. 이렇듯 코로나19로 피해 입은 소상공인을 지원하고 선한 영향력을 전달해 '착한 기업'이라는 이미지를 형성하면 장기적으로 기업이 성장하는 데에도 도움이 될 거라고 봐.

〈자료 3〉 코로나19 관련 ESG 경영 사례

강원도 화천군에서는 매년 겨울 '산천어 축제'를 연다. 하지만 2021년에는 코로나19로 축제가 열리지 못했고, 산천어 처리가 곤란해져 문제가 됐다. 이에 기업들이 나서 통조림, 반건조 제품 등 산천어와 관련한 다양한 상품을 출시했다. 오뚜기는 산천어 살코기 캔과 통조림 제조를 위해 생산 시설을 제공했고, 한국수력원자력은 지역 농업인들을 위해 산천어 가공식품과 농특산물을 구매했으며, 롯데백화점은 온라인 시장에서 산천어 식사 꾸러미를 판매했다. 이러한 노력이 모여 축제에 쓰려던 산천어 77t 중 66t을 소비할 수 있었다.

반대 2 ─────

**코로나 이익 공유제는 기업의 성장을
방해하는 요인으로 작용할 거야.
또한 국내 기업과 외국 기업 간
역차별 문제가 발생할 수도 있어.**

코로나 이익 공유제는 기업이 성장하는 데 방해가 될 거야. 기업의 이익은 미래를 위한 투자에 사용되고, 기업의 임직원과 투자자에게 돌아가야 해. 갖은 노력을 통해 얻은 이익을 외부와 나눠야 한다면, 기업이 더 이상 성장할 의욕이 없어지지 않을까? 정부와 여당은 기업의 자발적인 참여를 유도하겠다고 하지만, 정부와 여당이 나서 참여하라고 하는데 어느 기업이 눈치를 보지 않을 수 있겠어?

그리고 코로나 이익 공유제는 우리나라 기업과 외국 기업 사이의 역차별(차별당하는 쪽을 보호하려고 마련한 제도 때문에 오히려 반대

편이 차별을 당함) 문제를 불러일으킬 수도 있어. 코로나19와 관련해 이익을 거둔 업체 중에는 당연히 유튜브나 넷플릭스 같은 외국 기업도 있어. 그런데 외국 기업에 이 제도를 적용하면 국제적인 분쟁에 휘말릴 수 있기 때문에, 국내 기업만을 대상으로 시행할 가능성이 크거든. 그렇게 되면 국내 기업이 외국 기업과의 경쟁에서 불리한 위치에 서게 될지도 몰라.

이런 이유들 때문에 〈자료 4〉를 보면 코로나 이익 공유제를 반대하는 여론이 찬성 여론을 근소한 차이로 앞서고 있어. 상당수의 국민이 우려를 표하고 있는 만큼, 이 문제를 더욱 신중하게 고민해야 할 거야.

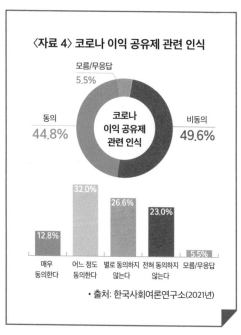

〈자료 4〉 코로나 이익 공유제 관련 인식

모름/무응답 5.5%

동의 44.8%

코로나 이익 공유제 관련 인식

비동의 49.6%

12.8% 매우 동의한다

32.0% 어느 정도 동의한다

26.6% 별로 동의하지 않는다

23.0% 전혀 동의하지 않는다

5.5% 모름/무응답

• 출처: 한국사회여론연구소(2021년)

이번 토론 주제는 '코로나 이익 공유제, 도입해야 할까'였어. 찬성 측은 코로나19 사태가 장기화되면서 우리 사회의 소득 불균형이 더 심각해졌다고 했어. 그러니 코로나 이익 공유제를 도입해 고통을 나눠야 한다고 주장했지. 또 기업들이 코로나 이익 공유제에 참여해 '착한 회사'라는 이미지를 형성하면 오히려 성장에 도움이 될 수 있다고 말했어.

반대 측은 기업의 성과는 다양한 요인을 통해 결정되기 때문에, 코로나19 수혜 기업과 피해 기업을 명확히 구분하기 어렵다고 했어. 코로나 이익 공유제가 기업의 성장을 방해하는 요인이 될 수 있다고 우려를 표하기도 했지. 또 국내 기업과 외국 기업의 역차별 문제가 발생할 것이라는 지적도 있었어.

코로나19 백신 접종이 순차적으로 시행되고 있지만, 그럼에도 우리 사회가 완전히 코로나19의 그늘에서 벗어나는 건 당분간 쉽지 않을 것으로 보여. 그러니 모두의 일이라는 생각으로 더 많은 토론을 해 나가야겠지.

주제 2

재난 기본소득,
꼭 필요할까

재난 기본 소득

오늘은 '재난 기본소득'을 주제로 토론하려고 해. 최근 우리나라는 물론 전 세계가 코로나19로 큰 어려움을 겪고 있어. 정부는 코로나19 감염 예방을 위해 전국의 모든 보육·교육 기관에 휴원·휴교령 및 온라인 개학 결정을 내리고, 기업의 재택근무를 권장하며 가급적이면 외출을 자제할 것을 권고했어. 이에 따라 사람들이 사회적 거리 두기를 실천하면서, 이동과 소비가 급격하게 감소하고 무급 휴가 및 실업률이 증가하며 경제가 휘청거렸지.

이러한 상황에서 정부 및 지방자치단체에서는 국민 혹은 지자체 시민에게 재난 지원금을 지급하기 시작했어. 대표적으로 경기도에서 추진한 '재난 기본소득'이 사회적 쟁점으로 떠올랐어. 경기도는 소득·나이와 관계없이 전 도민에게 1인당 10만 원의 재난 기본 소득을 지급하기로 결정했지. 그 이후 2021년 5월 현재까지 정부는 총 네 차례에 걸쳐 긴급 재난 지원금을 지급해 왔어. 1차는 모든 국민에게 가구당 최대 100만 원씩을 지급했고, 2차부터는 피해가 집중된 계층을 대상으로 범위를 좁혀 맞춤형 지원을 했어. 이처럼 재난 지원금이 국민에게 지급되면 얼어붙은 경제가 되살아날 수 있을까?

오늘 토론 주제와 관련해 먼저 '재난 기본소득'이 정확히 무엇인지, 복지의 종류와 함께 살펴볼 필요가 있어. 재난 기본소득이란 재난 상황에서 위축된 경기를 회복하기 위해 일시적으로 국민 혹은 지자체 시민에게 조건 없이 일정 금액의 돈을 지급하는 것을 의미해. 국민에게 제공되는 사회복지 가운데 하나로, 보편적 복지에 해당하지.

한편 정부의 2~4차 긴급 재난 지원금은 재난 기본소득과 마찬가지로 현금 형태로 지급되지만, 소득 등을 기준으로 대상을 한정한다는 점에서 차이가 있어. 이는 선별적 복지에 해당하지.

Yes?
No?

● 토론 전에 생각해 보기 ●

- -

☐ 모두에게 같은 금액의 생계비를 지원하는
  '기본소득'은 정당할까?

☐ 소비를 통한 경제 활성화가 우선일까,
  코로나19 억제가 우선일까?

☐ '재난 기본소득'에 대한 '나'의 생각은?

- -

도움이 되는 자료들

재난 기본소득을 둘러싼   보편적 복지 vs.
     찬반 논의   선별적 복지

찬성 1 ──────

코로나19로 국민의 소비 심리가 위축된 상황에서 재난 기본소득을 도입하면 소비가 활성화될 거야.

코로나19로 전 세계가 유례없는 경제 위기에 직면해 있어. 우리나라 경제 또한 대내외적으로 어려움을 겪고 있지. 우선 내부적으로 휴교·재택근무 및 사회적 거리 두기 운동이 시행되면서 수요가 심각하게 침체됐어. 이로 인해 소상공인을 비롯해 항공·여행·학원·문화·예술 등 사람 간 교류가 필수인 업종에 종사하는 이들이 생계를 위협받고 있지. 또 자동차·스마트폰·가전제품 등을 생산하는 우리나라 기업의 글로벌 공장들이 문을 닫으면서 수출 실적에도 빨간불이 켜졌어. 이처럼 불황의 직격탄을 맞은 기업들은 직원들을 대상으로 무급 휴가를 실시하거

나 급여를 줄이고 인원을 감축하고 있는 실정이야. 이에 따라 소득이 줄고 실업률이 증가하면서 국민의 소비 심리는 더욱 위축되고 있어.

이 같은 상황에서 재난 기본소득 정책은 얼어붙은 소비 심리를 녹이고 내수(內需, 국내에서의 수요) 경제를 활성화하는 데 큰 도움이 될 거야. 현금과 같은 지역 화폐나 상품권을 지급하고, 일정 기간 안에 모두 사용하도록 기한을 정해 놓는다면 효과는 더욱 커지겠지. 〈자료 1〉을 살펴보면 세계 여러 나라에서도 국민에게 재난 기본소득을 지급하며 내수 살리기에 힘쓰고 있다는 것을 알 수 있어. 이러한 세계적인 흐름에 따라 재난 기본소득은 반드시 도입되어야 해.

〈자료 1〉 코로나19 관련 해외 재난 기본소득 지급 사례
- 홍콩: 7년 이상 거주한 18세 이상 영주권자에게 1만 홍콩 달러 지급
- 싱가포르: 21세 이상 모든 시민권자를 대상으로 소득과 재산에 따라 최고 300싱가포르 달러 지급
- 미국: 고소득자 제외 성인 1인당 1,200달러, 어린이 500달러 지급
- 캐나다: 실직자, 코로나19 확진자, 자가 격리자 등 일할 수 없는 사람에게 4개월 동안 매달 1인당 2,000캐나다 달러 지급

**재난 기본소득을 도입한다고 해도
사회적 거리 두기로 인해 소비 활성화
효과는 크지 않을 거야. 또 재난 기본소득은
국가의 재정 건전성을 크게 훼손하는
정책이기도 해.**

　　일부 지자체와 정부에서 추진하는 재난 기본
소득 및 긴급 재난 지원금이 내수를 살리는 데 큰 도움이 되지 않
을 거라고 보는 시각이 많아. 현재 코로나19 감염을 막기 위해 전
국적으로 사회적 거리 두기 운동이 시행되고 있어. 정부가 나서
외출과 다중 밀집 시설 이용 자제를 권고하는 상황에, 돈을 쓰기
위해 외출하는 사람이 많을지 의문이야. 또한 소비를 위해 외출
하게 되면 지역 사회 감염이 확대될 위험도 있어.

　　또 재난 기본소득은 국가의 재정 건전성을 크게 훼손할 수 있
어. 재정 건전성이란, 개인이나 가정, 기업 등의 경제 상태가 온전

하고 튼튼한 정도를 말하지. 정부가 긴급 재난 지원금을 지원하려면 〈자료 2〉에서 볼 수 있듯이 엄청난 규모의 예산이 필요해. 이 돈을 마련하기 위해 정부는 적자 국채를 발행해야만 해. 적자 국채란, 세금으로 들어오는 수입보다 지출이 많아져서 적자가 예상될 때, 정부에서 채권을 발행해 판매하는 거야. 그런데 이 채권은 결국 다 국가가 갚아야 할 빚이야. 국가 빚이 증가하면 국가 재정 건전성이 흔들리게 되겠지. 실제로 2021년 연간 국채 발행이 약 176조 원을 돌파해 지난해에 이어 또 최대치를 경신하고, 5차 추경(이미 성립된 본예산을 변경해 다시 정한 예산) 금액을 넘어섰지. 이 중 적자 국채만 해도 약 93조 원에 달해. 이처럼 국가 재정 건전성을 훼손하면서까지 무리해서 현금을 지원할 필요가 있을까 싶어.

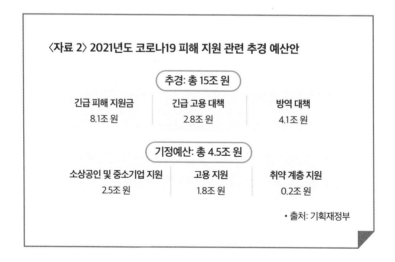

〈자료 2〉 2021년도 코로나19 피해 지원 관련 추경 예산안

추경: 총 15조 원

긴급 피해 지원금	긴급 고용 대책	방역 대책
8.1조 원	2.8조 원	4.1조 원

기정예산: 총 4.5조 원

소상공인 및 중소기업 지원	고용 지원	취약 계층 지원
2.5조 원	1.8조 원	0.2조 원

• 출처: 기획재정부

찬성 2 ─────────────

**재정 건전성이 악화된다는 건
기정사실이라기보다 우려에 가까워.
오히려 우리나라는 경제 규모에 비하면
아직 코로나19 지원에 그리 큰 금액을
쓰지 않았다고 볼 수 있어.**

예상치 못한 재난이 발생해 경제 위기가 찾아
왔을 때, 국가는 생계가 어려워진 국민을 보살피는 것은 물론이
고 소비를 적절히 활성화할 의무가 있어. 이때 가장 이상적인 방
법은 재난 기본소득 명목으로 지원금을 보편적으로 지급하는 거
야. 지원금을 선별적으로 지급하게 되면 여론이 분열될 수 있고,
대상자를 정하는 데 상당한 비용과 시간이 소요될 수 있기 때문
이지. 실제로 정부가 처음에 소득 하위 70%에게 긴급 재난 지원
금을 지급하겠다고 발표한 이후 대상자 선별과 관련해 논란이 일

기도 했어.

재난 기본소득 도입을 반대하는 사람들은 보통 재정 건전성 악화를 근거로 들어. 재원을 마련하려고 적자 국채를 발행해 국가 빚이 증가할 것을 우려하지. 그런데 현재 우리나라의 재정 건전성은 크게 걱정할 수준은 아니라고 해. 2021년 1월 국제금융협회IIF가 집계한 주요국의 국가 부채 통계에 따르면, 우리나라의 국가 부채는 국내총생산GDP 대비 45.9%로 집계됐어. 이는 50여 개국 평균치인 104.8%보다 훨씬 낮은 수치지. 또한 〈자료 3〉에 따르면, 우리나라의 GDP 대비 코로나19 대응 정부 지출 규모는 다른 선진국과 비교해 상당히 낮은 편인 것을 알 수 있어.

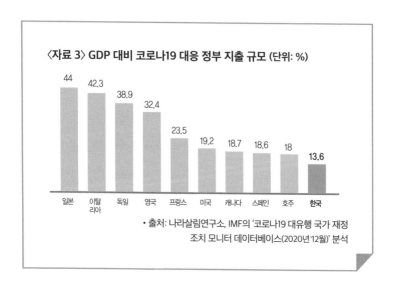

〈자료 3〉 GDP 대비 코로나19 대응 정부 지출 규모 (단위: %)

- 출처: 나라살림연구소, IMF의 '코로나19 대유행 국가 재정 조치 모니터 데이터베이스(2020년 12월)' 분석

반대 2 ─────────

재난 기본소득은 실제로 경제를 활성화하는 데 효과가 없는 보여 주기 식 포퓰리즘 정책이야. 경제적 도움이 꼭 필요한 계층과 기업에 지원을 집중하는 게 나아.

　재난 기본소득은 세금 낭비를 불러오는 일회성 포퓰리즘populism 정책에 불과해. 포퓰리즘 정책이란 인기를 좇아 대중을 현혹해 권력을 유지하려는 정책을 말해. 우리나라에서도 재난 기본소득을 지급하면서, 국회의원 선거를 앞두고 좋은 결과를 얻기 위해 선심을 쓴 정책이 아니냐는 비판이 일기도 했어.

　사실 재난 기본소득은 국가의 재정 부담에 비해 효과가 그리 크지 않아. 〈자료 4〉를 살펴보면 현금성 지원 정책은 소비 및 경제를 활성화하는 데 실질적인 도움이 되지 않는다는 것을 알 수 있어. 또 재난 기본소득은 한 번 지급되고 나면, 미래에 유사한 재난이 발생했을 때 또다시 요구되기 쉬워. 따라서 지속 가능성을 충분히 고려한 뒤에 시행해야 해.

그리고 재난 기본소득은 모두에게 똑같이 지급되기 때문에, 경제적인 도움이 필요하지 않은 고소득자도 그 수혜 대상에 포함돼. 이보다는 정말 도움이 필요한 특정 계층에 보다 많은 금액을 지원하는 것이 더 효과적이지 않을까?

차라리 재난 기본소득 예산을 기업을 지원하는 데 활용하는 것도 고려해 볼 만해. 기업이 무너지면 많은 사람들이 일자리를 잃게 되고, 나중에 코로나19가 진정된다고 해도 내수 경기가 살아나기 어려울 수 있기 때문이지.

〈자료 4〉 재난 기본소득은 소비를 활성화하는 데 기여하는가?

2008년 글로벌 금융 위기 당시 미국 정부는 모든 납세자에게 개인이 납부한 세금의 정도에 따라 300~600달러를 환급했다. 그런데 2009년 미시건대학교 연구 팀이 발간한 「2008년 세금 환급이 소비를 진작시켰는가?」라는 보고서에 따르면, 재난 기본소득이 지급된 기간에 소득이 증가했지만 저축률도 따라서 늘어나는 현상이 나타났다.

2009년 일본 정부도 글로벌 금융 위기에 대한 대책으로 국민 1인당 평균 1만 2,000엔(약 14만 원)을 지급했지만 이로 인한 소비 활성화 효과는 거의 없었다.

• 출처: "침체된 경제 살려야" vs. "경기 부양 효과 없다", 《이코노미조선》, 341호(2020.3.30.)
　　　"'헬리콥터 드롭'까지 등장…진화하는 현대판 구휼정책?", 《한국일보》, 2020.3.20.

토론 갈무리하기

이번 토론 주제는 '재난 기본소득, 꼭 필요할까'였어. 찬성 측은 코로나19로 인해 생계가 어려워진 자영업자·저소득층·실업자 등 취약 계층의 생계유지와 소비 활성화를 위해 재난 기본소득과 같은 현금성 지원이 이루어져야 한다고 주장했어. 또 재난 기본소득 지급으로 재정 건전성이 악화될 거라는 우려에 대해서는, 현재 우리나라의 경우 재정 건전성을 크게 걱정할 수준은 아니라며 맞서기도 했지.

반대 측은 재난 기본소득이 지급된다고 해도 감염 위험으로 인한 사회적 거리 두기 운동이 벌어지고 있으니 소비 활성화에 크게 기여하지 못할 거라 주장했어. 게다가 글로벌 금융 위기 때 기본 소득이 소비를 활성화하지 못했다는 통계도 내세웠지. 또 재난 기본소득 재원을 마련하기 위해서는 적자 국채를 발행해야 하는데, 이로 인해 국가 재정 건전성이 점점 악화될 것을 우려하기도 했어.

전 세계를 혼란에 빠뜨린 코로나19는 아직도 진행 중이야. 이번 사태를 함께 잘 이겨 나가며, 이를 계기로 감염병 재난에 대응하는 매뉴얼과 법적 근거가 마련되었으면 좋겠어.

도서 정가제,
유지해야 할까

　　오늘은 '도서 정가제'를 주제로 토론하려고 해. 2020년 11월,
문화체육관광부는 도서 정가제 재검토 결론을 내놨어. 도서 정
가제가 출판 산업에 미친 긍정적인 효과를 고려해, 큰 틀에서는
지금처럼 유지한다는 내용이었지. 하지만 이 결정은 큰 비판을 받
고 지금까지도 계속 논란이 되고 있어. 그보다 1년 전인 2019년
10월에는 무려 20만 명 이상이 '도서 정가제 폐지'를 요구하는 청
와대 국민청원에 동의하기도 했지.

　　일단 도서 정가제가 무엇인지 알아보자. 도서 정가제란 책 가
격을 정가의 15%(직접 할인 10%, 포인트 등 간접 할인 5%)까지만 할

인하도록 제한하는 제도야. 지나친 책값 할인 경쟁을 막고, 책값 거품을 잡으며, 동네 서점을 활성화하기 위한 목적으로 2003년에 처음 도입됐지. 도입 당시에는 출간된 지 18개월이 지난 출판물과 실용서 및 참고서는 제외였는데, 2014년 11월 개정 도서 정가제가 시행되면서 모든 도서로 확대됐어.

도서 정가제는 시장에서의 가격 결정 문제와 관련되어 있어. 시장에서 수요량이 공급량보다 많으면 수요자 사이에 경쟁이 발생하고, 값을 더 주고서라도 물건을 사려는 수요자들이 생기니 가격이 올라가지. 반대로 공급량이 수요량보다 많으면 공급자 사이에 경쟁이 발생하고, 값을 낮추더라도 물건을 팔려고 하는 공급자들이 생겨나 가격이 내려가. 이러한 과정이 반복되다가 수요량과 공급량이 일치하는 지점에서 시장 가격이 결정되게 마련이야.

그런데 도서의 경우는 유독 정부가 할인율을 고정해 둬서 일정 비율 이상 가격을 낮출 수 없어. 그 이유는 책을 단순한 상품이 아니라, 국민이 다양한 지식을 축적하고 교양을 쌓도록 하는 공공재로 인식했기 때문이야. 정부가 다른 상품에 대해서는 10% 부가가치세를 부과하면서도 책에 대해서는 면세해 주는 것도 같은 이유지.

• 토론 전에 생각해 보기 •

- ☐ '나'는 책을 주로 어디에서 구매하며,
그 이유는 무엇인가?

- ☐ 책은 일반 상품하고 다르게 취급되어야 할까?

- ☐ 독서율이 점점 감소하는 이유는 무엇일까?

- ☐ '도서 정가제'에 대한 '나'의 생각은?

도움이 되는 자료들

| 도서 정가제 | 작가들의 |
| 찬반 논란 | 도서 정가제 폐지 반대 |

도서 할인율이 고정되면서 책값이 올랐다고 느낄 수 있지만, 도서 평균 정가 인상률은 오히려 낮아졌어. 또 도서 정가제로 인해 다양한 분야의 책을 출간할 수 있게 됐어.

　　도서 정가제가 강화되면서 할인 혜택이 줄어 책 가격이 비싸진 것처럼 보이지만, 실제로는 그렇지 않아. 도서 정가제가 강화되기 전에 출판사에서는 할인될 것을 고려해 정가를 높게 결정하는 경우가 많았어. 이를테면 정가 1만 원이면 될 책인데도 할인을 고려해 1만 2,000원으로 정하는 식이었지. 이로 인해 책값 거품 논란이 불거지기도 했어. 하지만 할인율이 고정되면서 이제는 일부러 가격을 부풀릴 필요가 없어졌어. 〈자료 1〉을 보면 2014년 개정 도서 정가제 시행 이후 도서 평균 정가 자체는 상승했지만, 인상률은 낮아졌다는 것을 알 수 있어.

또 도서 정가제는 신간 발행과 책의 종류를 늘리는 순기능이 있어. 제도 시행 전에는 책을 최대한 많이 팔아야 할인할 여력이 생기니, 출판사들이 주로 대중이 선호하는 비슷한 주제의 책들을 출간했어. 또 가격 경쟁력을 높이기 위해 제작 비용을 줄이려 하다 보니 콘텐츠의 질이 떨어진다는 지적이 나오기도 했지. 하지만 도서 정가제 시행 이후에는 이러한 분위기가 사그라들고 전보다 다양한 분야의 책이 출간되고 있어.

책 가격도 일반 상품과 마찬가지로 국가의 개입 없이 경제 활동의 자유를 최대한으로 보장하는 자유 시장 경제 논리에 맡겨야 한다는 의견이 있는데, 책은 정보 전달 및 공유에 꼭 필요한 공공재에 더 가깝다고 생각해. 그러니 국가 차원에서 다수의 작가와 소규모 출판사를 보호하고, 이를 통해 더 다양하고 깊이 있는 책들이 만들어지도록 하려면 도서 정가제는 꼭 필요하다고 봐.

〈자료 1〉 도서 정가제 강화 이후 도서 평균 정가 및 인상분 변화

• 도서 평균 정가

2014년	2018년
15,631원	16,347원

• 도서 평균 정가 인상분

2010~2014년	2014~2018년
2,811원	716원

• 출처: 대한출판문화협회(2018년)

도서 정가제는 책을 사려는 소비자의 소비 심리를 위축시키고, 가구당 서적 구입비와 독서율 감소를 가져왔어. 이는 소비자의 권리를 침해하는 정부의 과도한 시장 간섭이야.

도서 정가제는 지나친 책값 할인 경쟁을 막아 동네 서점을 보호하고, 출판 시장을 건강하게 유지하려는 목적에서 도입됐어. 그런데 이 제도로 인해 정작 소비자는 피해를 보고 있어. 할인이 줄고 책값이 상승하면서 이전보다 더 비싼 가격에 책을 사게 됐거든. 이로 인해 자연스럽게 가구당 서적 구입비가 줄고, 독서율이 떨어지는 결과가 나타났어. 〈자료 2〉에 나타난 것과 같이, 가구당 월평균 서적 구입비는 2006년 1만 8,607원에서 2018년 1만 2,054원으로 감소했어. 물가와 함께 책값도 많이 오른 것을 감안하면 구매율이 그만큼 큰 폭으로 떨어졌다는 얘

기지. 문화체육관광부에서 2년마다 발표하는 국민 독서 실태 조사에 따르면, 성인의 종이책 독서율(한 해에 한 권 이상 읽은 비율)은 2013년 71.4%에서 2019년 52.1%로 크게 하락했어. 경기 침체가 장기화되는 상황에서 도서 정가제가 계속 유지된다면, 책을 구입하려는 사람들의 소비 심리는 점점 더 위축되고 이는 출판 시장을 무너뜨리는 결과를 가져올 거야.

일반적인 상품처럼 책 가격도 자유 시장 경제 논리에 따라 결정되어야 해. 그런데 정부가 도서 할인율을 규제하면서 경쟁을 막고, 결과적으로 소비자의 권리를 침해하게 되었어. 즉, 도서 정가제는 소비자의 권리를 무시하는 정부의 과도한 시장 간섭이라고 할 수 있으므로 폐지되어야 해.

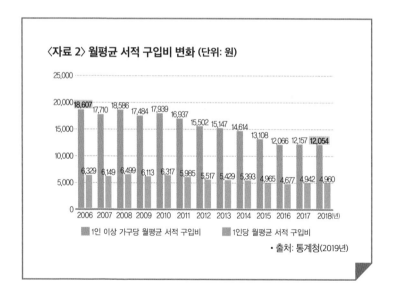

〈자료 2〉 월평균 서적 구입비 변화 (단위: 원)

■ 1인 이상 가구당 월평균 서적 구입비   ■ 1인당 월평균 서적 구입비

• 출처: 통계청(2019년)

찬성 2

전국의 서점 수는 줄었지만, 도서 정가제로 인해 새로운 형태의 독립 서점이 활성화됐어.

도서 정가제 폐지를 주장하는 이들은 제도 시행 이후 전국의 서점 수가 줄고 출판사 매출이 하락했다고 말해. 그러나 출판사 수익이 줄어드는 건 출판업계의 불황 때문이지 도서 정가제 때문이 아니야. 제도 도입 이전에도 출판사 매출은 계속해서 감소했지.

그리고 수치상으로 우리나라의 서점 수가 줄어들고 있는 것은 사실이지만, 최근 2~3년 동안 새로운 형태의 독립 서점이 빠르게 늘어나고 있다는 것은 주목할 만한 변화야. 〈자료 3〉을 살펴보면 2019년 말 기준 운영 중인 전국 독립 서점은 551곳으로, 2015년에 비해 무려 5배 이상 증가했어. 여기서 독립 서점이란 베스트셀러나 참고서, 잡지 등을 주로 판매하는 기존의 서점과는 달리, 개인이 비교적 소규모로 운영하면서 개성을 살린 책 선택과 진열(큐레이션)을 선보이는 서점을 의미해. 여행책·시집·그림책 등 특색 있는 주제의 책을 선보이고 전시·강연·북토크 등 행사도 진행하는 복합 문화 공간으로 운영되는 경우가 많아서 주로 20~40대에게 큰 호응을 얻고 있지. 도서 정가제로 인해 대형 서점과 가격 면에서 크게 경쟁하지 않아도 되는 환경이 조성되면서 독립 서점들이 살길을 찾은 거라고 볼 수 있어. 만약 도서 정가제가 폐지된다면, 점차 자리를 잡아 가고 있는 독립 서점들이 큰 타격을 입게 될 거야. 따라서 도서 정가제는 계속 유지되어야 해.

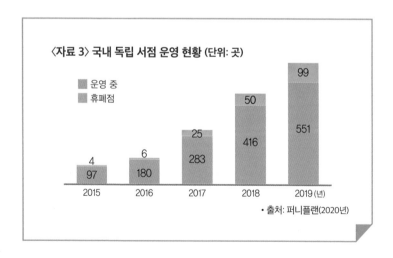

〈자료 3〉 국내 독립 서점 운영 현황 (단위: 곳)

- 출처: 퍼니플랜(2020년)

반대 2

도서 정가제는 처음 취지와 달리 동네 서점이나 출판사가 아닌 대형 온라인 서점을 위한 제도로 전락했어.

도서 정가제는 동네 서점을 활성화한다는 취지에서 도입됐지만, 실제로는 큰 성과를 거두지 못했어. 〈자료 4〉를 보면 오히려 소비 심리 위축으로 매년 서점 수가 줄어들고 있음을 알 수 있지. 할인율이 고정되었음에도 불구하고 출판사의 매출 역시 늘지 않았어. 대한출판문화협회의 2020년 출판 시장 통계에 따르면, 2018~2020년 3년간 국내 출판사 상위 78개사의 매출은 전년 대비 4.1% 줄었어. 반면에 3대 주요 온·오프라인 서점(교보문고·예스 24·알라딘)의 매출은 전년 대비 17.4% 증가했지. 정작 도서 정가제로 혜택을 본 건 동네 서점이나 출판사가 아닌 대형 온라인 서점이었던 거야.

신간과 구간의 할인율이 같다는 것도 도서 정가제의 한계야. 출간된 지 10년이 된 책을 출간 당시와 똑같은 가격을 주고 구입할 사람이 흔하진 않잖아. 그렇다 보니 대다수 출판사들은 할인 판매가 어려워져서 어쩔 수 없이 재고를 떠안고 있는 실정이야. 일부 출판사는 창고 공간이 부족해서 오래된 도서를 파쇄해 버리는 일까지 있다고 해.

특히 도서 정가제를 적용해선 안 된다고 강하게 지적받아 온 '리퍼브(반품)' 도서는 재정가 제도(출간 후 12개월이 지난 도서 정가를 변경할 수 있는 제도)를 활용해 가격을 조정하기로 했지만, 이것이 근본적인 대안은 아니야. 정가를 조정하는 것은 할인보다 훨씬 시간과 비용이 많이 들기 때문이지. 당장 서점에 공급된 책을 모두 회수해 가격표를 새로 붙인 뒤 다시 공급해야 하잖아. 정가를 올린다고 잘 팔릴 것이란 보장도 없고. 자칫하면 돈은 돈대로 들고, 책은 더욱 팔리지 않는 상황이 이어질 수도 있어.

〈자료 4〉 전국 서점 수 변화 (단위: 곳)

연도별	2003	2005	2007	2009	2011	2013	2015	2017	2019
서점 수	3,589	3,429	3,247	2,846	2,577	2,331	2,116	2,050	1,976

• 출처: 한국서점조합연합회, 『2020 한국서점편람』

토론 갈무리하기

이번 토론 주제는 '도서 정가제, 유지해야 할까'였어. 찬성 측은 도서 정가제가 시행된 뒤에 오히려 책값 거품이 빠졌다고 했어. 도서 평균 정가 인상률이 낮아진 것을 그 근거로 내세웠지. 또 도서 정가제 시행 이후 더 다양한 분야의 책을 출판할 수 있게 됐다고 주장했어. 그 밖에 전국의 특색 있는 독립 서점 수가 늘어난 것 또한 긍정적인 변화라고 진단했지.

반대 측은 도서 정가제 시행 이후 책을 사려는 소비 심리가 위축됐다며 도서 정가제 폐지를 주장했어. 도서 정가제 때문에 가구당 서적 구입비와 독서율이 감소했으며, 이는 출판 시장의 위기를 더욱 심화시킬 거라고 주장했지. 또 정부가 상품 할인율을 제한한 것은 소비자의 권리를 침해한 것이고, 원래 취지와 달리 대형 온라인 서점만 이익을 얻게 되었다고 주장하기도 했어.

도서 정가제는 3년 주기로 재검토되니, 현재의 도서 정가제는 2023년 11월까지 유지될 가능성이 커. 그때까지 도서 정가제를 둘러싼 논란은 계속될 전망이야.

설탕세,
도입해야 할까

설탕세

오늘은 '설탕세'를 주제로 토론하려고 해. 2021년 3월, 당류가 과도하게 들어간 음료를 만들거나 유통하는 회사에 국민 건강 증진 부담금, 이른바 '설탕세'를 부과하는 내용의 법안이 발의됐어. 과도한 당류 섭취는 비만이나 각종 질병의 주요 원인으로 지목되곤 하니까, 설탕세를 도입해 당류가 들어간 음료의 소비를 감소시키고 기업이 대체 음료를 개발하도록 유도하려는 취지지. 법안에 따르면, 당류 함량에 따라 음료 100L당 최소 1,000원에서 최대 2만 8,000원의 부담금이 부과돼. 이 법안에 찬성하는 사람들은 설탕세 도입으로 당류 섭취가 줄어들면 전반적으로 국민의 건강

이 나아지고, 비만에 따른 각종 사회적 비용도 감소할 거라고 내다보고 있어. 반면에 음료 가격 상승으로 인한 피해가 고스란히 소비자에게 돌아갈 거라며 우려를 표하는 이들도 많지. 설탕세 도입은 정말 당류 섭취와 과체중 인구를 줄이는 데 도움이 될까?

본격적인 토론에 들어가기 전에, 설탕의 특성과 비만의 상관관계에 대해 짚고 넘어가자. 일반적으로 단맛을 내는 물질을 '당'이라고 하는데, 그중 설탕은 사탕수수·사탕무 등 식물에 들어 있는 이당류의 하나를 주성분으로 하는 감미료야. 사탕수수 1kg을 가공하면 설탕 120g을 얻을 수 있다고 해. 설탕은 우리 몸에서 에너지를 만드는데, 화학 구조가 단순하고(포도당+과당) 물과 친해 특별한 소화 과정 없이 쉽게 흡수되는 것이 특징이야. 특히 가공식품에 첨가된 설탕은 몸에서 에너지로 다 소모되지 못하고 지방형태로 쌓여 과체중을 일으키는 원인이 되지.

비만은 몸에 지방이 지나치게 많이 축적된 상태를 말해. 현대사회에서 비만은 건강을 위협하는 매우 심각한 요인으로 여겨져. 개인의 건강을 해칠 뿐만 아니라 의료비 증가, 생산성 감소 등 사회·경제적으로도 막대한 손실을 초래할 가능성이 있지.

Yes?
No?

● 토론 전에 생각해 보기 ●

- ☐ 정부가 국민 개인의 건강에 어디까지
  개입하는 것이 옳을까?

- ☐ 청소년 비만의 가장 큰 원인은 무엇일까?

- ☐ '설탕세'에 대한 '나'의 생각은?

도움이 되는 자료들

소아·청소년
비만의 심각성

설탕세에 대한
식품업계 반발

찬성 1 ─────────────────────

**과도한 설탕 섭취는 비만과 각종 질병을
일으키는 원인이 돼. 국민의 건강을
증진하고 비만에 따른 사회·경제적
비용을 줄이기 위해 설탕세를 도입해야 해.**

2019년 국민건강보험공단에서 발간한 『2018
비만백서』에 따르면 우리나라 성인 중 36.6%가 비만에 해당하
는 것으로 조사됐어. 또 〈자료 1〉에서 볼 수 있듯 비만에 따른 사
회·경제적 손실이 2018년 한 해 동안 총 11조 4,679억 원에 달했
다고 해. 설탕세를 도입해 국민의 당류 섭취를 적극적으로 제한하
면 비만 및 각종 질병을 예방할 수 있고, 비만으로 인한 사회·경
제적 비용이 줄어드는 효과를 거둘 수 있을 거야.

2016년 세계보건기구WHO는 당류가 포함된 음료에 대한 설탕
세 도입을 공식적으로 권고한 바 있어. 지나친 설탕 섭취는 비만

이나 당뇨병, 충치 등의 주요 원인이 되므로, 건강한 식품 소비를 목표로 세금 등의 재정 정책을 적용할 필요가 있다고 했지. 식품 의약품안전처에 따르면, 당류 섭취량이 하루 열량의 10%가 넘는 사람은 그렇지 않은 사람에 비해 비만 위험이 39%, 고혈압은 66%, 당뇨병은 41% 높다고 해. 설탕세를 다른 음식이 아닌 음료에만 부과하자고 하는 것은 단맛이 강한 음료를 물처럼 마시는 식습관이 당류 과잉 섭취와 비만에 가장 큰 영향을 미치기 때문이야. WHO에서는 성인 기준 1일 설탕 권장 섭취량을 25g으로 권고했어. 그런데 250ml 탄산음료 한 캔에만 약 30~40g의 설탕이 들어 있지.

서구화된 식습관과 일·학업으로 인한 운동 부족 탓에 이제는 개인의 생활 습관이나 의지만 갖고 건강을 유지하는 일이 갈수록 어려워지고 있어. 따라서 설탕세를 도입해 국가가 국민의 비만·질병 예방과 치료에 적극적으로 개입해야 해.

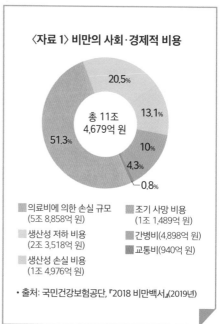

〈자료 1〉 비만의 사회·경제적 비용

총 11조 4,679억 원

20.5%
13.1%
10%
4.3%
0.8%
51.3%

■ 의료비에 의한 손실 규모 (5조 8,858억 원)
■ 생산성 저하 비용 (2조 3,518억 원)
■ 생산성 손실 비용 (1조 4,976억 원)
■ 조기 사망 비용 (1조 1,489억 원)
■ 간병비(4,898억 원)
■ 교통비(940억 원)

• 출처: 국민건강보험공단, 『2018 비만백서』(2019년)

설탕세를 도입한 모든 국가가
긍정적인 효과를 거둔 것은 아니야.
국민 건강 증진을 위해서라면 설탕세 도입
외에 다른 방법을 고려해 볼 수도 있어.

　　국민 건강 증진 부담금을 하필 설탕에 부과하는 것이 정당한지 고려해 봐야 해. '국민 건강 증진 부담금'이란 국민 건강 증진 사업을 원활하게 추진하는 데 사용하고자 설치한 기금으로, 현재 우리나라에서 이를 부과하는 제품은 담배뿐이야. 직접흡연은 물론 간접흡연을 통해서도 인체에 해로운 영향을 미친다는 데 국민적 합의가 이루어진 결과지. 하지만 설탕을 담배와 같은 선상에 놓는 것은 무리가 있어. 설탕은 담배와 달리 과잉 섭취 시에만 문제를 일으킬뿐더러, 식품의 원재료로 널리 활용되잖아.

〈자료 2〉를 보면 세계 여러 나라가 설탕세를 도입했다는 사실을 알 수 있어. 하지만 설탕세를 도입한 모든 나라가 긍정적인 효과를 거둔 건 아니야. 노르웨이에서는 설탕세 도입으로 제품의 가격이 오르자, 국경을 넘어 스웨덴 등 이웃 나라로 쇼핑하러 가는 사람들이 늘었다고 해. 프랑스에서는 설탕세 시행 첫해에 음료 판매가 약 3% 줄어드는 효과를 거뒀지만, 소비자들이 높아진 가격에 금세 익숙해져 이후로는 판매 억제 효과가 약해졌지.

한편 설탕세 부과로 당을 첨가한 음료의 가격이 오르면, 설탕 함량은 비슷하지만 값은 더 싼 대체 식품의 소비가 늘어날 가능성도 있어. 국민 건강 증진을 위해서라면 당류 섭취의 위험성을 알리는 교육을 강화하거나, 당류 함량을 줄인 제품 및 설탕 대체 원료를 개발하는 업체에 연구비를 지원하고 세금을 감면해 주는 등 다른 방법을 고민하는 편이 더 효과적이라고 생각해.

〈자료 2〉 설탕세 도입 국가 현황

지역	주요 국가 및 도시(시행 연도)
유럽	노르웨이(1922), 헝가리(2011), 핀란드(2012), 프랑스(2012), 영국(2018), 아일랜드(2018), 이탈리아(2020)
아시아	태국(2017), 필리핀(2018), 말레이시아(2019)
북·남미, 아프리카	미국 버클리(2015)·필라델피아(2017)·볼더(2017) 등, 멕시코(2014), 칠레(2014), 남아프리카공화국(2018)

• 출처: 농림축산식품부·한국농수산식품유통공사(2020년)

Yes!

**아동·청소년 비만율이 해마다
늘어가는 이때에, 설탕세 도입은 이미
세계적인 추세야. 그리고 설탕세는
국민 건강을 위한 용도로만 사용되므로
단순한 세금 늘리기로 볼 수 없어.**

〈자료 3〉에서 확인할 수 있듯, 우리나라 초·
중·고등학생의 비만율은 해마다 증가하고 있어. 2021년 1월 식
품의약품안전평가원의 조사 결과에 따르면, 우리나라 12~18세
청소년의 가공식품을 통한 당류 섭취는 하루 총열량의 10.3%로
WHO 권고 기준을 초과했어. 가공식품 중에서도 당류의 주공급
원은 단연 음료였지. 그러므로 하루빨리 설탕세를 도입해 청소년
은 물론 국민의 당류 섭취를 관리할 필요가 있어.

설탕세 도입은 세계적인 추세이기도 해. 노르웨이는 2018년 사
탕·초콜릿 등에 부과하는 세금을 전년과 비교해 약 83% 올렸어.

그 결과 2019년 당류 섭취량이 10년 전과 비교해 27%나 줄었다고 해. 2018년 설탕세를 도입한 영국에서는 음료 회사들이 적극적으로 설탕 함량을 조정한 결과, 1인당 설탕 소비량이 28.8% 감소했어.

한편 설탕세 도입은 곧 세금을 늘리거나 세율을 높이는 것이라는 논란이 있는데, 설탕세는 정확히 말해 국민 건강 증진 부담금으로 세금과는 구별되는 개념이야. 다양한 명목으로 쓸 수 있는 세금과 달리, 국민 건강 증진 부담금은 국민 건강 관련 사업에만 사용해야 하지. 따라서 설탕세가 도입된다고 해도 정부의 국고를 채우는 용도로 쓰일 수는 없어. 설탕세를 통해 확보한 기금이 비만 및 질병 치료, 건강 증진 시설·장비 확충 등에 사용된다는 사실이 더 널리 알려지고, 이에 따른 실익이 나타나면 세금 관련 논란도 해소될 거야.

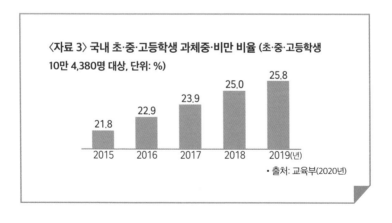

〈자료 3〉 국내 초·중·고등학생 과체중·비만 비율 (초·중·고등학생 10만 4,380명 대상, 단위: %)

• 출처: 교육부(2020년)

설탕세 도입에 따른 부담은 고스란히 국민의 몫이 될 거야. 이것이 증세와 다를 게 무엇인지 의문이야.

당류 섭취를 줄여 국민 건강을 증진하기 위해 설탕세를 도입한다고 하지만, 이게 정말 국민을 위한 일인지 모르겠어. 설탕세가 부과되면 제품의 가격이 오를 수밖에 없고, 그에 따른 경제적 부담은 오롯이 국민의 몫이 되기 때문이야. 코로나19로 인해 부족해진 재정을 충당하기 위해 설탕세를 이용하는 건 아닌지 의심스러워.

세계 주요 국가와 비교해 보면 우리나라의 비만율은 그리 심각한 수준이라고 볼 수 없어. 〈자료 4〉에 따르면, 2018년 우리나라의 15세 이상 인구 가운데 과체중 및 비만 비율은 34.3%로 OECD 평균(60.3%)에 비해 눈에 띄게 낮았어. OECD 국가 중 일본에 이어 두 번째로 적게 나타났지.

게다가 갈수록 건강을 중요시하는 소비자가 늘어나면서, 음료 업체에서는 이미 당 함량을 줄인 제품을 다양하게 출시하고 있어. 그런데 굳이 설탕세를 부과해 기업에 부담을 늘릴 필요가 있을까 싶어. 설탕세 도입에 따른 제품 가격 인상으로 소비자가 지갑을 닫아 매출이 감소한다면, 음료 기업은 가격을 더 올리거나 직원을 줄이는 등 추가 대책을 마련할 거야. 그리고 이 같은 조치는 결국 물가 상승 및 고용 불안 등으로 다시 국민에게 돌아오게 되겠지.

또 설탕 말고도 건강에 해로운 영향을 주는 것들은 많아. 대표적으로 소금(나트륨)을 들 수 있지. 국민 건강을 위해 설탕세를 부과한다는 논리에 따르면 소금세도 부과해야 할 거야. 또 당 함유음료 외에 과자나 아이스크림 같은 제품에도 같은 원칙을 적용해야 하고 말이야.

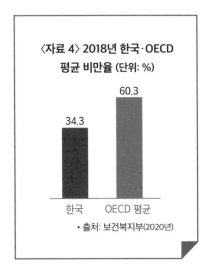

〈자료 4〉 2018년 한국·OECD 평균 비만율 (단위: %)

60.3

34.3

한국   OECD 평균

• 출처: 보건복지부(2020년)

토론 갈무리하기

이번 토론 주제는 '설탕세, 도입해야 할까'였어. 찬성 측은 과도한 설탕 섭취가 비만의 원인이라는 점을 지적했어. 비만 및 각종 질병을 예방하고, 이에 따른 사회·경제적 비용을 줄이기 위해 설탕세를 도입해야 한다고 했지. 또 설탕세는 세계적인 추세이며, 이를 도입한 여러 국가에서 당류 섭취 감소 등 긍정적인 효과를 거두고 있다는 내용도 덧붙였어.

이에 맞서 반대 측은 설탕세 도입으로 인한 국민 건강 증진 효과가 크지 않을 거라고 주장했어. 또한 설탕세 부과는 음료 가격 상승으로 이어져 국민의 경제적 부담만 키울 거라고 우려했지. 부족한 재정을 충당하기 위해 설탕세를 이용하는 게 아니냐는 지적도 나왔어.

앞으로 설탕세와 관련해 충분한 논의를 거쳐 우리 모두의 삶에 이로운 방향으로 결론이 나길 기대해 보자.

2 | 자유와 보호

안전을 위한 규제는 어디까지가
적절할까?

촉법소년 처벌, 강화해야 할까

반성…

오늘은 '촉법소년'을 주제로 토론하려고 해. 살인, 성범죄, 집단 폭행, 무면허 운전, 강도 등 강력 범죄를 저지르고도 촉법소년이라는 이유로 처벌받지 않는 사례가 끊이지 않고 있어. '촉법소년'은 형벌을 받을 범법 행위를 한 10세 이상 14세 미만의 사람을 일컫는 법률 용어야. 이들은 범죄행위를 저질러도 형사처벌을 받는 대신 사회봉사나 소년원 송치 등 보호 처분을 받고, 처분 결과가 범죄 이력으로 기록되지 않아. 촉법소년의 범죄가 늘어나고 수법 또한 잔인해지면서 이들에 대한 처벌을 강화해야 한다는 여론이 형성되고 있어. 하지만 아직 미성숙한 아동을 무조건 처벌하기보다, 반성하고 변화할 기회를 줘야 한다는 주장도 나오고 있지. 처벌과 교화 중 어떤 가치를 우선시해야 하는 걸까?

범죄행위를 규정하는 법과 처벌의 기준이 조금 복잡하게 느껴질 테니, 토론 전에 정리를 해 볼까? 우리나라에서는 미성년자의 범죄행위를 형법과 소년법을 기준으로 판단해. 먼저 형법이란 사회질서를 유지하기 위해 특별히 중대한 반사회적 행위를 범죄로 규정하고, 이에 대해 어떠한 형벌을 부과할 것인가를 규정한 법률이야. 형법에서는 14세 미만을 형사 미성년자로 규정하고, 불법행위에 대해 형벌을 받아야 할 형사 책임 능력이 없다고 판단해 처벌하지 않아. 대신 소년법에 따라 보호처분을 내리지.

다만 10세 미만은 범죄를 저질러도 국가가 제재할 수 있는 법적 근거가 없고, 소년법상 보호처분 대상은 10세 이상 19세 미만이야. 그중에서도 10세 이상 14세 미만은 촉법소년으로 분류되어, 범죄행위를 저질렀을 때 무조건 소년법에 따라 보호처분을 받아. 그리고 14세 이상 19세 미만은 범죄소년으로 분류되어, 죄질에 따라 형법의 처벌을 받을 수도 있고 소년법의 보호처분을 받을 수도 있지.

Yes?
No?

● 토론 전에 생각해 보기 ●

- -

☐ 10세 이상 14세 미만이 자기 행동에 책임을
　질 수 있을까?

☐ 타고난 기질과 주변 환경 중에서
　범죄에 더 큰 영향을 미치는 것은 무엇일까?

☐ 피해자의 억울함을 풀어 주는 것과
　가해자를 교화하는 것 중 무엇이 더 중요할까?

☐ '촉법소년'에 대한 '나'의 생각은?

- -

도움이 되는 자료들

촉법소년 연령 변화에 대한
판사 인터뷰

소년법
요점 정리 강의

**갈수록 촉법소년 범죄가 늘어나고,
죄질 또한 가볍지 않아 논란이 되고 있어.
변화하는 사회에 맞춰 촉법소년 처벌을
강화하면 관련 범죄를 줄일 수 있을 거야.**

2020년 3월, 대전에서 10대 8명이 렌터카를 훔쳐서 몰다 배달 오토바이를 들이받아 대학생 운전자가 숨졌어. 4월에는 성 착취물 영상을 유포해 검거된 피의자 가운데 10대가 있다는 사실이 알려졌지. 2021년 5월에는 강원도에서 2,000㎡ 가 넘는 산림이 불에 탔는데, 12~13세 소년들의 라이터 불장난이 원인이라고 밝혀지기도 했어. 하지만 이 10대들은 촉법소년이라는 이유로 형사처벌을 피해 갔어. 〈자료 1〉에 따르면 2015년부터 2019년까지 약 3만 6,600명의 촉법소년이 소년부에 송치됐어. 이 수는 해마다 증가해 왔고, 특히 2018~2019년 사이에 무려 1,200

여 명이 늘었지. 2019년 촉법소년 범죄를 유형별로 살펴보면, 폭력 2,148명, 강간·추행 357명, 방화 32명, 강도 7명, 살인 1명으로 강력 범죄 비율도 상당히 높아.

그런데도 촉법소년 연령 기준은 1958년 소년법 제정 이후로 바뀌지 않았어. 정보화 시대에 접어들면서 드라마·영화·유튜브·SNS 등을 통해 범죄 관련 정보에 훨씬 쉽게 접근할 수 있게 되었고, 실제로 이를 모방한 청소년 범죄가 증가하고 있어 걱정이야. 또 아동 및 청소년의 신체적·정신적 성장 속도가 빨라져서 외모만으로 나이를 가늠하기도 쉽지 않게 됐지. 이같이 변화하는 사회에 맞춰, 촉법소년 관련 처벌 기준 또한 조정할 필요가 있어.

한편 현재 촉법소년 관련 법이 피해자보다는 가해자의 인권을 우선시한다는 지적도 많아. 피해자가 억울하지 않을 정도의 합당한 처벌을 내려야 한다고 생각해.

〈자료 1〉 촉법소년 가정법원 소년부 송치 현황 (단위: 명)

연도별	총계	살인	강도	강간·추행	방화	절도	폭력	기타
2015	6,551	1	5	311	50	3,759	1,399	1,026
2016	6,576	0	6	391	37	3,665	1,355	1,142
2017	7,533	0	8	383	56	4,073	1,766	1,247
2018	7,364	3	7	410	30	3,801	1,763	1,350
2019	8,615	1	7	357	32	4,536	2,148	1,534

• 출처: 경찰청(2021년)

촉법소년 처벌 강화는 19세 미만 소년범죄를 줄이는 데 도움이 안 돼. 처벌보다는 교화를 통해 반성하고 변화할 기회를 줘야 해.

　　형법에서 14세 미만을 형사 미성년자로 규정한 것은 이들이 너무 어리기 때문에 성인과 같은 판단 능력을 갖추지 못했다고 판단해서야. 그래서 형사처벌 대신 소년 보호 재판을 통해 〈자료 2〉와 같이 보호처분을 내리지. 보호처분이라고 해도 죄의 무게에 따라 소년 보호 시설·소년원 등에서 자유를 박탈당하는 사례도 많기 때문에 처분이 꼭 가볍다고 할 수만은 없어. 그리고 전문가들은 기준 연령을 낮추는 등의 촉법소년 처벌 강화가 범죄 및 재범률을 낮추는 데 도움이 되지 않는다고 말해. 1990년대 미국에서는 '형사 이송 제도'를 확대했어. 19세 미만이어도 강력 범죄를 저질렀거나 재범의 위험이 크다고 판단되면 소

년 법원이 아닌 형사 법원으로 보내, 성인과 같은 기준으로 처벌하는 제도였지. 하지만 제도 도입 후에 19세 미만 소년범의 재범률은 오히려 더 높아졌고, 다시 범죄를 저지르는 데 걸린 시간도 짧아졌다고 해. 전과자라는 사회적 낙인이 소년범의 사회 적응을 어렵게 만든 거야. 그래서 미국은 결국 2004년 형사처벌 기준 연령을 높이는 등 형사 이송 제도를 축소했어. 덴마크에서도 형사처벌 기준 연령을 15세에서 14세로 낮췄다가 재범률 증가 등 부작용 때문에 다시 높인 사례가 있지.

이런 사례만 보더라도 촉법소년에게는 처벌보다 교화를 통해 스스로 변화할 기회를 줘야 한다고 생각해. 소년 보호 재판 절차를 거치면서 자신이 저지른 행동을 충분히 반성하고 피해자에게 사죄하며 더 이상 범죄를 저지르지 않도록 지도하는 게 옳은 방향이라고 봐.

〈자료 2〉 촉법소년 보호처분

1호 - 보호자 또는 보호자를 대신하여 소년을 감독 · 보호할 수 있는 자에게 위탁

2호 - 수강 명령(자유로운 생활을 허용하면서 전문 기관에서 교육을 받도록 명하는 제도)

3호 - 사회봉사 명령   /   4호 - 단기 보호관찰   /   5호 - 장기 보호관찰

6호 - 아동 복지법에 따른 아동복지시설이나 그 밖의 소년보호시설에 위탁

7호 - 병원, 요양소 또는 소년 의료 보호 시설에 위탁

8호 - 1개월 이내의 소년원 송치

9호 - 단기 소년원 송치(6개월 이내)   /   10호 - 장기 소년원 송치(2년 이내)

• 출처: 소년법 제3절 제32조(보호처분의 결정)

촉법소년은 형사처벌을 받지 않는다는 걸 악용하는 사례가 늘어나는 것도 문제야. 약한 처벌이 재범률을 높이는 원인이 될 수도 있어.

소년법이 제정되고 촉법소년 기준이 마련된 것은 형사처벌보다 교화에 가치를 뒀기 때문이야. 하지만 이 같은 소년법의 취지를 악용한다면 얘기가 달라져. 끔찍한 범죄를 저지른 촉법소년이 스스로 '촉법소년이라 벌을 받지 않는다'는 내용의 게시물을 SNS에 올리는 등 뻔뻔한 태도를 보인 경우가 대표적이야. 법이 지나치게 관대해 소년범이 법을 무서워하지 않고 죄책감 또한 느끼지 않는 것은 아주 심각한 문제지. 그런가 하면 성인이 저지른 범죄를 촉법소년에게 뒤집어씌우거나, 대가를 주고 대

신 자수하도록 하는 등 소년법을 교묘하게 악용하는 사례도 있으니 이에 대한 대처 방안도 마련해야 해.

〈자료 3〉을 보면, 대다수 국민이 소년법의 개정 또는 폐지를 통해 미성년 범죄자에 대한 형사처벌 수위를 높여야 한다는 의견에 공감하는 것으로 나타났어. 약한 처벌이 오히려 소년범의 재범률을 높인다는 주장도 나오고 있지. 법무부의 「보호관찰통계」에 따르면, 보호 관찰 대상자 가운데 소년범의 재범률은 2020년 13.5%로, 성인(5%)의 2배가 넘었어. 이처럼 죄의식 없이 다시 범죄 행위를 하는 소년범들은 성인이 되어서도 범죄자가 될 가능성이 커. 어린 시절에 법의 단호함을 가르쳐 다시는 범죄를 저지르지 않도록 지도할 필요가 있어.

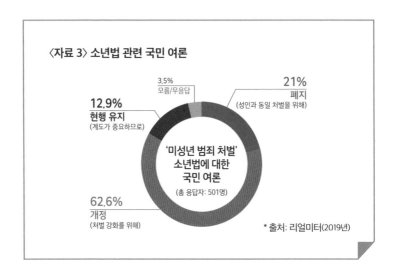

〈자료 3〉 소년법 관련 국민 여론

3.5%
모름/무응답

21%
폐지
(성인과 동일 처벌을 위해)

12.9%
현행 유지
(계도가 중요하므로)

'미성년 범죄 처벌'
소년법에 대한
국민 여론
(총 응답자: 501명)

62.6%
개정
(처벌 강화를 위해)

* 출처: 리얼미터(2019년)

**소년 범죄 발생에 대한 책임은
가정과 사회에도 있어. 체계적인
교화 프로그램과 제도 등을 마련하는
것이 더 중요해.**

소년범 가운데에는 부모의 돌봄이 소홀했거
나 경제적 형편이 어려운 가정에서 성장한 아이들이 많다고 해.
다시 말해 소년범들이 범죄를 저지르는 DNA를 타고난 게 아니
라, 가난·아동 학대·가정 폭력·방임 등 부정적 환경에 자극을
받아 잘못된 판단을 하게 됐을 가능성이 커. 국가와 사회는 이런
아이들을 보호해야 할 책임과 의무가 있어. 따라서 소년범에 대
한 처벌을 강화하기보다, 재범을 막고 이들이 올바른 사회 구성
원으로 성장할 수 있도록 돕는 체계적인 교화 프로그램과 제도를
마련하는 것이 더 중요해.

이를 위해서는 우선 소년 보호 재판을 담당할 법원·판사·집행·감독 기관 등을 늘려야 해. 촉법소년은 경찰 수사를 받은 뒤 모두 가정법원으로 송치돼. 하지만 우리나라의 가정법원은 전국에 여덟 곳뿐이어서 나머지는 지방법원에서 담당하는데, 일반 사건을 담당하는 판사가 소년범의 교화까지 고려하며 판결하기엔 무리가 있어. 사실 가정법원 또한 일반 가정 및 아동 보호 관련 재판을 함께 담당하기 때문에 소년 범죄에 대한 전문성을 갖추고 있다고 보긴 어려워. 따라서 〈자료 4〉의 예시처럼 우리나라도 소년 전문 법원을 설립하고 전문 인력을 양성할 필요가 있어. 더불어 소년원 또는 소년보호시설도 더 늘려야 해.

촉법소년 처벌 강화는 근본적인 대책이 될 수 없어. 소년 범죄와 관련한 사법제도가 근본적으로 변화할 수 있도록 여러 방면에서 고민해 보면 어떨까 싶어.

〈자료 4〉 소년 전문 법원

미국에는 가정법원과 구별되는 소년 법원이 있다. 독일은 소년범죄학 관련 분야의 능력과 인적 적합성을 갖춘 법관들로 구성된 소년 법원을 두고 있고, 프랑스도 일반 형사 법원과 구별되는 소년 특별 법원이 있다. 그러나 우리나라에는 아직 소년 전문 법원이 없어서 유엔아동권리위원회가 우리나라의 아동권리협약 이행에 관한 심의에서 소년 전문 법원의 설립을 촉구하기도 했다.

• 출처: 국제아동인권센터, 「그다음엔? 소년전문법원도요!」(2020년)

이번 토론 주제는 '촉법소년 처벌, 강화해야 할까'였어. 찬성 측은 촉법소년 범죄가 증가하고 더 잔인해지고 있다며, 기준 연령을 낮추거나 무거운 범죄에 한해 형사처벌이 가능하도록 처벌을 강화해야 한다고 주장했어. 약한 처벌이 재범률을 높이는 원인이 될 수 있으며, 촉법소년이 형사처벌을 받지 않는다는 걸 악용하는 사례도 있다고 했지.

반대 측은 촉법소년에 대한 처벌을 강화한다 해도 소년범죄를 줄이는 데 도움이 안 되고, 아직 미성숙한 촉법소년에게는 처벌보다 교화를 통해 반성하고 변화할 기회를 줘야 한다고 했지. 또 소년 전문 법원과 전문 인력, 체계적인 교화 프로그램을 마련하는 등의 사법제도 보완이 필요하다고 했어.

2020년 1월 교육부는 '제4차 학교폭력 예방 및 대책 기본계획'에 촉법소년 연령을 현행 14세 미만에서 13세 미만으로 조정하겠다는 내용을 담았어. 하지만 국가인권위원회는 이것이 소년범죄 예방을 위한 실효적 대안이 될 수 없다고 우려를 표명했지. 이렇듯 촉법소년 처벌 강화를 두고 찬반 의견이 팽팽하게 맞서는 가운데, 실제 법 개정으로 이어질지 관심 있게 지켜보도록 하자.

주제 6

학교 폭력,
학생부에 기재해야 할까

오늘은 '학교 폭력 학생부 기재'를 주제로 토론하려고 해. 최근 유명 연예인이나 운동선수가 과거에 학교 폭력 가해자였다는 폭로가 나와 논란이 됐어. 2019년까지는 학교 폭력 피해가 접수되면 학교는 반드시 학교폭력대책자치위원회(학폭위)를 열고, 가해학생에게 9개의 징계 중 한 가지 이상을 내린 뒤에 가해 사실을 학생부에 기재했지. 그런데 2020년 1학기부터는 경미한 학교 폭력의 경우 1회까지는 학교생활기록부(학생부)에 기재하지 않아도 되게 됐어. 가해 학생이 서면 사과(1호), 피해 학생 및 신고·고발 학생에 대한 접촉·협박·보복 행위 금지(2호), 교내 봉사(3호) 조치를 이행한다는 조건이지. 하지만 또다시 학교 폭력을 저지르면, 그 사실은 물론 이전에 기록하지 않았던 가해 사실까지 학생부에 기재하게 돼.

이처럼 학교 폭력의 학생부 기재가 다소 완화되는 듯한 조치가 시행되자 '학교 폭력을 학생부에 기재해야 하는가'를 둘러싸고 찬반 논쟁이 벌어졌어. 학교 폭력 학생부 기재를 찬성하는 측은 가해 학생에게 면죄부를 주어선 안 된다고 주장해. 반대 측은 가해 학생에게 '범죄자'라는 낙인을 찍어선 안 되며 반성의 기회를 주어야 한다고 말하지.

이제 '학교 폭력'이라는 말을 모르는 사람들은 거의 없을 거라고 생각해. '학교 폭력'이란 학교 안팎에서 학생들 간에 이루어지는 폭행, 협박, 명예 훼손, 성폭력, 따돌림 등과 같은 행동을 의미해. 과거에 학교 폭력은 신체적 폭력 위주였지만, 최근에는 언어 폭력이나 사이버불링 등 심리적 폭력으로 그 범위가 확대되고 있어. 사이버불링cyberbullying이란 온라인상에서 특정인을 집단으로 따돌리거나 집요하게 괴롭히는 행위를 말해. 여기에는 컴퓨터나 스마트폰 등을 통해 의도성을 갖고 특정인을 반복적으로 위협하거나 거짓 정보를 퍼뜨리는 것 등도 포함되지.

● 토론 전에 생각해 보기 ●

- ☐ 어느 정도의 괴롭힘을 '학교 폭력'으로
  규정할 수 있을까?

- ☐ '나'는 학교 폭력 피해를 입거나 가해를
  한 적이 있는가?

- ☐ 학교 폭력에 대한 적절한 처벌 방식은
  무엇일까?

- ☐ '학교 폭력 학생부 기재'에 대한 '나'의 생각은?

도움이 되는 자료들

학교 폭력
학생부 기재 요령

해외 한인 학생들의
찬반 토론

학교 폭력 피해 학생이 겪는 고통을 생각한다면, 가해 학생의 폭력 사실을 경중에 상관없이 학생부에 기재해야 해. 기재 유보는 가해 학생의 입장만 배려한 조치야.

학교 폭력에 대한 조치는 무조건 피해 학생의 입장을 고려해 이루어져야 한다고 생각해. 피해 학생들은 폭력을 당하는 순간은 물론, 그 이후에도 극심한 고통을 느낀다고 해. 폭력을 당한 충격으로 트라우마를 겪기도 하고, 심지어 극단적인 선택을 하기도 하지. 그렇기에 학교 폭력 학생부 기재는 피해 학생의 인권을 보호하고 가해 학생에게 폭력에 대한 책임을 묻는다는 점에서 정당한 조치야. 〈자료 1〉에 따르면, 대다수 학생과 학부모가 학교 폭력 사실을 학생부에 기재해야 한다고 응답하기도 했어.

학교 폭력 학생부 기재는 가해 학생에 대한 '낙인찍기'가 아니라 사실에 대한 기록으로 봐야 해. 학생부에 학교 폭력 기록을 남겨 두지 않으면, 폭력 사실을 증명할 방법이 없기 때문이야. 그러한 의미에서 2020년부터 시행된 '경미한 학교 폭력 학생부 기재 1회 유보'는 가해 학생의 입장만을 배려한 조치라고 생각해.

'경미한'이라는 기준이 모호하다는 의견도 많아. 또 학교 폭력 징계 처분 1~3호의 경우에는 학생부 기재를 1회 유보할 수 있으니, 징계 처분 4~5호쯤 되는 사안이 발생했을 때도 1~3호 수준으로 낮추는 은폐·축소 행위가 나타날 가능성도 있어. 따라서 가해 학생의 폭력 사실을 경중에 상관없이 학생부에 기재해야 한다고 생각해.

〈자료 1〉 학교 폭력 학생부 기재 완화 관련 설문 조사 (단위: %)

대상	국민(일반)	학생	학부모	교원	전체
찬성	38.5	24.6	48.3	52.0	40.2
반대	61.5	75.4	51.7	48.0	59.8

• 출처: 교육부(2018년)

No!

학교는 사법기관이 아닌 교육기관이야. 가해 학생을 범죄자로 낙인찍기 전에 반성할 기회를 줘야 해. 학생부 기재가 실제로 학교 폭력 예방 효과가 있을지도 의문이야.

학교 폭력 사실을 학생부에 기재하는 것에 반대한다고 해서 가해 학생을 옹호하는 건 아니야. 학교 폭력은 그 자체로 잘못된 행위라는 점에는 동의해. 그러나 학교 폭력을 학생부에 기재하게 되면 '모든 학교 폭력=범죄'라는 인식을 심어 줄 수 있어. 학교 폭력의 원인은 매우 복잡하고 다양해. 이를테면 사소한 다툼이 주먹다짐으로 번진 사례와, 특정인을 상습적으로 구타하고 괴롭힌 사례는 엄연히 달라. 학교 폭력 사실을 무조건 학생부에 기재한다면, 가해자의 인권이 침해될 뿐 아니라 억울하게 가해 학생

으로 몰리는 경우가 생길 수도 있어. 또 학교 폭력 가해 학생에게 '범죄자'라는 낙인이 찍힐 가능성도 있지. 학교는 사법기관이 아니라 교육기관이야. 아직 미성숙한 가해 학생에게 진심으로 반성할 기회를 주고, 자연스럽게 가해 학생과 피해 학생이 관계를 회복할 수 있도록 돕는 것이 더 중요해.

또 학교 폭력 사실이 학생부에 기재되면 가해 학생이 반발심이나 분노의 감정을 갖게 돼 더 비뚤어진 행동을 보일 수도 있어. 그렇다면 학교 폭력을 학생부에 기재하는 것이 실제로 학교 폭력 예방 효과가 있을지 의문이야. 〈자료 2〉를 보면 가해 학생이 학교 폭력을 중단한 이유는 주로 처벌이나 징계 때문이 아니라는 사실을 알 수 있지. 또한 가벼운 학교 폭력까지 모두 학생부에 기록된다면, 오히려 학교 폭력이 일어난 사실을 은폐하려는 시도가 늘어나게 될 거야.

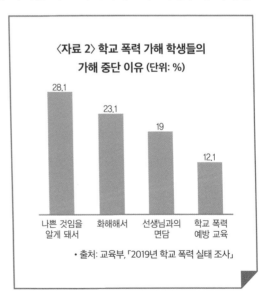

〈자료 2〉 학교 폭력 가해 학생들의
가해 중단 이유 (단위: %)

28.1 나쁜 것임을 알게 돼서
23.1 화해해서
19 선생님과의 면담
12.1 학교 폭력 예방 교육

• 출처: 교육부, 「2019년 학교 폭력 실태 조사」

찬성 2 —————

잘못된 행동이 불이익으로 이어지는 것을 가해 학생 스스로 경험하고 자제하게 해야 해. 그리고 교사의 지도를 위해서도 학교 폭력에 관한 기록을 남겨 둘 필요가 있어.

학교 폭력 학생부 기재는 그 자체로 학교 폭력을 예방하는 효과가 있어. 학생부는 대학을 비롯한 상급 학교 입시에 영향을 미치기 때문이지. 자신의 옳지 못한 행동이 어떤 불이익을 가져오는지 보여 줌으로써 또다시 학교 폭력을 저지르지 않도록 해야 해. 학교 폭력 사실을 일부 삭제하는 조치는 가해 학생에게 면죄부를 주는 셈이고 학교 폭력을 심화시킬 우려가 있어.

학생부에 학교 폭력 사안을 모두 기재하기로 한 것은 지난 2012년부터인데, 당시 학교 폭력 실태가 심각했기 때문이야. 이러한 제도 시행에도 학교 폭력이 여전히 발생하는 상황에서 처벌을 완화한다면 학교 폭력은 더 심해질 거야. 실제로 〈자료 3〉에 따르면, 2017년부터 학교 폭력 피해는 다시 증가하고 있는 추세야. 2020년은 코로나19 확산 등 외부 요인으로 인해 전체 피해 응답률은 감소했지만, 대신 사이버불링과 집단 따돌림 비중은 오히려 늘었지.

또한 교사가 가해 학생을 지도하기 위해서도 관련 기록을 남겨 둘 필요가 있어. 교사들이 모든 학생의 학교 폭력 가해 사실을 기억하기는 어렵고 시간이 지나면 자연스럽게 잊히게 마련이지. 따라서 기록을 남겨 교사가 가해 학생에 대한 정보를 미리 숙지할 수 있도록 해야 해. 이렇게 하면 교사가 대처 방안을 마련하고, 해당 학생에게 적절한 지도와 교육을 할 수 있을 거야.

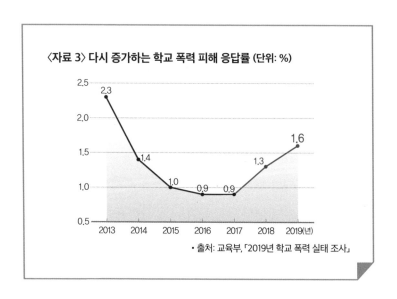

〈자료 3〉 다시 증가하는 학교 폭력 피해 응답률 (단위: %)

• 출처: 교육부, 「2019년 학교 폭력 실태 조사」

반대 2 ─────────

학생부에 학교 폭력을 기재하지 않으면, 학교 폭력을 처리하는 과정에서 발생하는 불필요한 소송과 갈등을 줄일 수 있어.

　　　학생부는 대학 진학에 영향을 미치고 한 사람의 삶에 평생 남는 중요한 기록이야. 그래서 학교 폭력 가해자로 지목된 학생이나 그 학부모는 폭력을 행한 적이 없다고 부인하는 경우가 많아. 학교 폭력 가해 사실을 인정하고 사과해서 가장 낮은 단계의 처분인 서면 사과 조치를 받는다고 해도, 그 사실이 학생부에 기록되기 때문이야. 그래서 〈자료 4〉에서 볼 수 있듯이, 많은 학부모들이 자녀의 학교 폭력 가해 사실을 부인하거나 학교를 대상으로 징계를 취소해 달라는 소송을 제기하기도 해. 이를 통해 가해 학생의 징계 처분이 축소되거나 사라지게 되는데, 피

해 학생은 이 같은 결과에 절망하고 상처받는 등 2차 피해를 입을 수 있어. 차라리 학생부에 학교 폭력이 아예 기재되지 않으면 이 같은 불필요한 소송과 갈등이 줄어들 거야.

학교 폭력 문제는 원인을 분명히 파악하고 최대한 교육적인 방식으로 해결해야 해. 하지만 실상은 피해 학생과 가해 학생을 나누고 처벌하는 것에 치중되어 있지. 학교 폭력 사실을 학생부에 기록하는 일보다 중요한 것은, 가해 학생이 진심으로 자신의 잘못을 뉘우치고 다시 폭력을 저지르지 않도록 교육하는 것이라고 생각해.

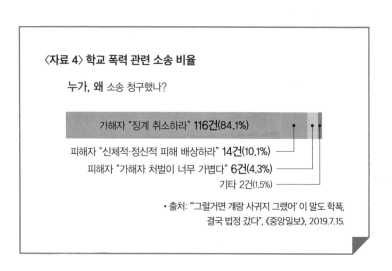

〈자료 4〉 학교 폭력 관련 소송 비율

누가, 왜 소송 청구했나?

가해자 "징계 취소하라" 116건(84.1%)

피해자 "신체적·정신적 피해 배상하라" 14건(10.1%)

피해자 "가해자 처벌이 너무 가볍다" 6건(4.3%)

기타 2건(1.5%)

• 출처: "'그럴거면 개랑 사귀지 그랬어' 이 말도 학폭, 결국 법정 갔다", 《중앙일보》, 2019.7.15.

이번 토론 주제는 '학교 폭력, 학생부에 기재해야 할까'였어. 찬성 측은 학교 폭력 피해 학생이 겪는 고통을 생각한다면, 가해 학생의 폭력 사실을 학생부에 기재해야 한다고 주장했어. 이를 통해 피해 학생의 인권을 보호하고 가해 학생이 자신이 저지른 폭력에 대해 책임지도록 해야 한다고 했지. 또한 학교 폭력 학생부 기재는 학교 폭력을 예방하는 효과가 있다고 말했어.

반대 측은 학교 폭력 학생부 기재는 가해 학생의 인권을 침해하는 지나친 처벌이라고 했어. 가해 학생에게 '범죄자'라는 낙인을 찍기보다 반성할 기회를 주는 것이 더 중요하다고 주장했지. 또한 학교 폭력 학생부 기재를 막기 위해 가해 학생 부모가 학교를 상대로 소송을 거는 경우가 많은데, 학생부 기재를 하지 않거나 완화하면 불필요한 소송과 갈등이 줄어들 거라고 하기도 했어.

학교 폭력은 우리 일상과 아주 밀접한 관련이 있다 보니 토론이 더 흥미진진했던 것 같아. 앞으로도 이 주제에 대해 더 많이 생각하고 의견을 정리해 나가면 좋겠어.

주제 7

전동 킥보드 규제,
유지해야 할까

오늘은 '전동 킥보드 규제'를 주제로 토론하려고 해. 2020년 5월 도로교통법이 개정되면서 만 13세 이상이면 면허가 없어도 전동 킥보드 등 개인형 이동 장치를 탈 수 있고 자전거 도로를 이용할 수 있는 등 규제가 완화됐어. 이를 두고 더욱 편리하게 개인형 이동 장치를 이용하게 됐다는 의견과 사고 위험이 커질 것이라는 의견이 충돌했지.

그러던 중 전동 킥보드 사고가 증가하고 안전을 우려하는 여론이 형성되자, 국회에서 개정된 법이 시행되기도 전에 다시 규제를 강화하는 법안을 내놓았어. 같은 해 12월 개인형 이동 장치 탑

승 자격을 면허가 있는 만 16세 이상으로 상향하는 도로교통법 개정안을 통과시킨 거야. 그리고 2021년 5월 전동 킥보드 이용 규제는 더욱 강화됐어. 무면허, 헬멧 미착용, 과로 및 약물 운전 등을 단속해 벌금을 부과하기로 했지.

'개인형 이동 장치'라는 개념이 조금 낯설지? 토론 시작 전에 정확한 개념을 알아보자. 한국교통안전공단에 따르면, 개인형 이동 장치란 소형 엔진이나 전동기의 힘으로 움직이는 자전거 중에서 최고 속도 시속 25km 미만, 중량 30kg 미만인 전동 킥보드, 전동 이륜평행차 등을 말해. 그중 전동 킥보드는 가장 흔하게 볼 수 있는 개인형 이동 장치야. 킥보드에 전동장치를 달아 전력을 이용해 움직이는 이동 수단이지. 예전에는 레저용으로 사용하는 경우가 많았지만, 최근에는 출퇴근할 때나 가까운 거리를 이동할 때 일상적으로 쓰여. 하지만 바퀴 크기가 작고, 무게중심이 높으며, 이용자를 보호할 안전 장비가 부착되어 있지 않아 사고 위험이 큰 이동 수단이기도 해.

• 토론 전에 생각해 보기 •

☐ 전동 킥보드를 직접 이용했거나,
　이용하는 걸 봤을 때 느낀 점은 무엇인가?

☐ 자동차, 자전거 등 기존 이동 수단과
　전동 킥보드의 차이점은 무엇일까?

☐ 전동 킥보드의 면허 소지와 헬멧 착용 등을
　어떻게 단속할 수 있을까?

☐ '전동 킥보드 규제'에 대한 '나'의 생각은?

도움이 되는 자료들

개인형 이동 장치
교통사고 현황

법 개정 이후
전동 킥보드 타는 법

Yes!

킥보드는 이용자, 보행자, 운전자 모두를 위협하는 이동 수단이야. 관련 규제가 완화되면 사고 위험이 더욱 커질 거야.

끼익!

'킥라니'라는 말을 들어 본 적 있어? 이 말은 '전동 킥보드'와 '고라니'를 합친 신조어야. 어두운 밤 산길에서 갑자기 튀어나와 종종 사고를 일으키는 고라니처럼, 전동 킥보드 역시 도로와 인도 곳곳에 불쑥불쑥 나타나 운전자와 보행자를 위협한다는 뜻을 담고 있지. 전동 킥보드는 최대 시속이 25km가량으로 꽤 빠른데, 이용자가 서서 타다 보니 중심 잡기가 어려워. 또 헬멧 외에는 특별한 안전 장비가 없고 신체가 외부에 노출되어 있어 사고가 발생하면 큰 부상으로 이어지는 일이 많아.

한편 전동 킥보드 전용 도로가 따로 없고 자전거 도로도 넉넉지 않아 이용자들은 차도와 인도를 모두 이용하게 되는데, 속도

조절을 하지 못해 자동차와 충돌하거나 보행자를 덮치는 일이 발생할 수 있어. 이처럼 위험 요소가 큰 전동 킥보드의 규제를 완화한다면, 관련 사고가 더욱 늘어날 거야.

한국교통안전공단이 2020년 12월 개인형 이동 장치 1,340대를 대상으로 주행 도로별 이용 실태를 조사한 결과에 따르면, 이용자 10명 중 6명은 보도에서 주행한다고 답했어. 게다가 10명 중 9명은 헬멧을 착용하지 않는 걸로 나타났지. 또한 2017년부터 2019년까지 개인형 이동 장치 교통사고 발생과 부상자 수는 연평균 약 90% 증가했다고 해. 〈자료 1〉을 보면 전동 킥보드 규제 완화에 관한 여론 또한 부정적이라는 것을 알 수 있어. 이용자, 보행자, 운전자 등 모든 사람의 안전을 생각한다면 전동 킥보드 관련 규제를 완화해서는 안 돼.

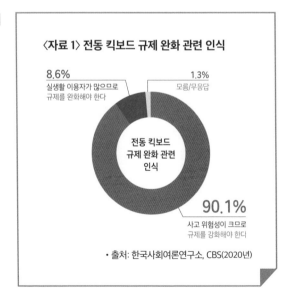

〈자료 1〉 전동 킥보드 규제 완화 관련 인식

8.6%
실생활 이용자가 많으므로
규제를 완화해야 한다

1.3%
모름/무응답

전동 킥보드
규제 완화 관련
인식

90.1%
사고 위험성이 크므로
규제를 강화해야 한다

• 출처: 한국사회여론연구소, CBS(2020년)

**전동 킥보드는 여러 가지 장점을 지닌
편리한 이동 수단이야.
단순히 규제를 강화할 게 아니라
합리적인 대책을 마련해야 해.**

　　빅데이터 업체 아이지에이웍스의 조사에 따
르면, 전동 킥보드 공유 애플리케이션 사용자 수는 2019년 4월 3
만 7,000여 명에서 1년 만에 21만 4,000여 명으로 여섯 배 이상
늘었어. 전동 킥보드는 여러 가지 장점이 있는 이동 수단이야. 일
단 작아서 휴대하기 좋고, 걷는 것보다 훨씬 빠른 속도로 이동할
수 있어 편리해. 또 전동 킥보드 이용이 증가하면 교통 체증 문제
를 해결하는 데에도 도움이 될 것으로 예상돼. 면허 면제 등 규제
완화로 손쉽게 전동 킥보드를 탈 수 있게 된다면, 가까운 거리를
이동할 때는 자가용 대신 전동 킥보드를 이용하는 사람이 늘어

날 테니까 말이야. 그런가 하면 요즘 코로나19로 사람이 붐비는 대중교통을 이용하는 데 부담을 느끼는 사람이 많은데, 전동 킥보드 같은 개인형 이동 장치가 좋은 대안이 될 수도 있지.

또 전동 킥보드는 전기를 동력으로 이용해 배기가스를 배출하지 않는다는 점에서 친환경 이동 수단이라는 장점도 있어. 〈자료 2〉를 보면 상당수 사람들이 전동 킥보드 등 개인형 이동 장치를 편리하고 친환경적인 이동 수단이라고 생각한다는 것을 확인할 수 있어. 이렇듯 앞으로 전동 킥보드는 자전거와 마찬가지로 대중이 일상적으로 이용하는 이동 수단으로 자리 잡을 것으로 보여. 전동 킥보드 이용자 수 증가는 피할 수 없는 사회적 흐름이라는 거지. 그러니 단순히 규제를 강화할 것이 아니라, 합리적이고 안전한 이용을 유도하는 대책을 마련해야 해.

〈자료 2〉 개인형 이동 장치 인식 평가

· 개인형 이동 장치는 다른 이동 수단에 비해 편리하다.

60.4%

· 개인형 이동 장치는 친환경 이동 수단이다.

72.7%

· 출처: 엠브레인(2020년)

Yes!

위험 요소가 큰 이동 수단일수록
강한 규제를 적용해야 해. 전용 차로,
지정 주차장 등 관련 시설이 마련된 뒤에
규제를 완화해도 늦지 않아.

　　　　　전동 킥보드는 제품별로 특성을 숙지해서 출발할 때나 속도를 조절할 때 각별히 안전에 유의해야 해. 또 사람 한 명 정도만 올라설 수 있을 정도로 작아서, 빠르게 달리면 운전자들이 쉽게 알아보기 힘들어. 게다가 얇은 바퀴 두 개로 지탱하기 때문에 돌이나 보도블록 등에 걸려 넘어질 가능성도 있지. 특히 청소년 이용자라면 성인과 비교해 신체와 인지 능력이 덜 발달했기 때문에 사고 피해가 더욱 클 수도 있어. 주행 시 자전거 도로를 이용하면 된다지만, 사실 자전거만 운행할 수 있는 전용 도로는 20%에 불과하고 나머지는 보행자 겸용 도로야. 자전거와 전

동 킥보드, 보행자가 뒤엉키는 혼란을 피하기 어렵지.

전동 킥보드는 이처럼 위험 요소가 큰 이동 수단이야. 따라서 규제를 대폭 강화해 사고 발생을 예방하는 것이 옳다고 봐. 국회에서 전동 킥보드 사용 연령을 높이는 법안을 통과시키고, 단속과 처벌을 강화한 것은 매우 적절한 대처였지.

전동 킥보드 때문에 안전 문제뿐 아니라 주차 등의 민원 문제도 불거지고 있어. 길을 걷다 보면 인도 위에 전동 킥보드가 아무렇게나 주차돼 있어 불편할 때가 있어. 〈자료 3〉에서 볼 수 있듯이, 최근 몇 년간 전동 킥보드 관련 민원이 크게 늘었어. 전동 킥보드 전용 차로, 지정 주차장 등 관련 시설을 먼저 마련한 뒤에 규제를 완화하는 게 올바른 순서라고 생각해.

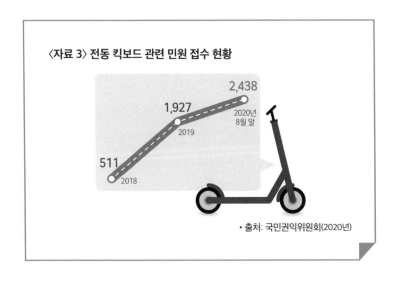

〈자료 3〉 전동 킥보드 관련 민원 접수 현황

2,438
2020년
8월 말

1,927
2019

511
2018

• 출처: 국민권익위원회(2020년)

No!

반대 2 ─────────────

무조건적인 규제 대신 안전 교육을 강화하면 사고 위험을 줄일 수 있어. 또 규제 완화를 통해 공유 경제 활성화 효과도 기대할 수 있지.

전동 킥보드 이용 주의 사항

       전동 킥보드를 비롯한 개인형 이동 장치는 도로교통법상 '원동기장치자전거'로 분류되어 일반 자전거보다 엄격한 규제를 받아 왔어. 2020년 5월 전까지는 자전거 도로에서 운행할 수 없고, 오토바이용 헬멧도 써야 했지. 만 16세 이상만 취득할 수 있는 원동기장치자전거 이상의 면허도 필요했고 말이야. 이 같은 규제가 다소 완화되면서 이제 편리하게 전동 킥보드를 이용할 수 있게 됐다고 반기는 사람이 많았어. 하지만 또다시 규제가 강화되면서 혼란스럽다는 반응이 나오고 있지.

       전동 킥보드는 간편하고 빠른 이동 수단이라는 분명한 장점이 있어. 안전과 관련한 단점이 있긴 하지만, 그럼 안전 교육을 강화하면 될 일이지 강한 규제로 이용을 제한하는 것은 적절하지 않아. 〈자료 4〉를 보면, 지금과 같은 규제하에서는 사실상 전동 킥보드를 금지하는 것이나 마찬가지라는 생각이 들어.

전동 킥보드 규제를 완화하면 공유 경제 및 관련 산업이 발전하는 데에도 도움이 될 것으로 보여. 2014년 개인형 이동 장치 공유 서비스가 도입되면서 스마트폰만 있으면 앱을 통해 개인형 이동 장치를 원하는 장소에서 원하는 시간 동안 빌려 탈 수 있게 됐어. 정해진 주차 구역 없이 도착지 주변에 세우면 바로 반납할 수 있는 것도 장점이지. 현대자동차, 카카오 등 대기업도 개인형 이동 장치 대여 서비스를 시범 운영한 바 있어. 경기 침체가 계속되고 있는 가운데, 새롭게 등장한 산업이 성장할 수 있도록 규제를 풀어 줄 필요가 있다고 생각해.

〈자료 4〉 개인형 이동 장치 관련 규제
- 면허: 제2종 원동기장치자전거 면허 이상이 필요하고, 무면허 운전 시 범칙금 10만 원 부과
- 안전모: 안전모를 착용하지 않으면 범칙금 2만 원 부과
- 등화 장치: 야간에 도로를 통행할 때 등화 장치를 작동하지 않으면 범칙금 1만 원 부과

• 출처: 한국교통안전공단(2021년)

토론 갈무리하기

이번 토론 주제는 '전동 킥보드 규제, 유지해야 할까'였어. 찬성 측은 전동 킥보드가 이용자, 보행자, 운전자 모두를 위협하는 이동 수단이라고 주장했어. 또 안전 문제뿐 아니라 주차 등 각종 민원 문제도 우려했지. 따라서 강화된 규제를 유지하는 한편, 전동 킥보드 전용 차로, 지정 주차장 등 관련 시설을 마련할 필요가 있다고 이야기했어.

반대 측은 전동 킥보드가 편리하고 친환경적인 이동 수단이라고 했어. 가까운 거리를 빠르게 이동하기 좋고, 교통 체증을 해소하는 데 도움을 주며, 전기를 동력으로 해 배기가스를 배출하지 않기 때문이지. 안전과 관련한 단점은 안전 교육을 강화하는 방법으로 극복할 수 있다고 했어. 또 전동 킥보드 규제를 완화하면 공유 경제 및 관련 산업이 발전하는 데에도 기여할 거라고 했지.

지난해에는 전동 킥보드 관련 규제가 완화되었다가 올해부터 다시 강화되고 단속 및 범칙금 부과까지 시행되면서 많은 사람이 큰 혼란을 겪고 있어. 전동 킥보드뿐 아니라 교통안전과 규제의 문제는 언제나 찬반이 팽팽하고 결정이 쉽지 않은 문제니까, 우리도 계속 생각을 이어 나가면 좋겠어.

주제 8

수술실 CCTV 설치, 의무화해야 할까

　오늘은 '수술실 CCTV 설치'를 주제로 토론하려고 해. 최근 몇 년간 수술실에 CCTV를 설치해야 한다는 주장이 나오고 있어. 그 이유는 각종 의료 현장에서 환자를 대상으로 한 성범죄·무자격자 대리 수술·유령 수술(환자의 동의 없이 집도 의사를 교체하는 대리 수술) 등이 발각되어 불신이 높아졌기 때문이야. 환자 단체와 의료사고 피해자 등의 찬성 측은 수술실에서 발생할 수 있는 인권 침해와 의료사고를 예방하고 환자의 알 권리를 보장하기 위해 수술실 CCTV 설치가 필요하다고 주장하고 있어. 반면에 의료계 단체 등의 반대 측은 CCTV 설치가 의료인의 적극적인 의료 행위를 방해해 의료의 질을 떨어뜨리고, 의료인과 환자 사이의 신뢰를 무너뜨릴 수 있다고 말해.

수술실 CCTV 설치 의무화 논란의 주요 쟁점으로는 '환자의 알 권리'와 '전문직의 윤리'를 들 수 있을 거야. '알 권리'란 국민 개개인이 자신의 삶과 관련된 정치·사회 문제의 진실을 알기 위해 공공 기관이나 민간 기업에 정보를 요구하고 접근할 수 있는 권리를 말해. 이는 인간의 존엄성을 실현하고 헌법에 명시된 행복추구권을 보장하기 위해 꼭 필요하지.

'전문직'이란 전문적인 지식이나 기술이 필요한 직업으로, 전문직 종사자는 고도의 교육과 훈련을 거쳐 일정한 자격 또는 면허를 취득한 사람들이야. 이들은 사회적·경제적으로 더 우월한 위치에 있는 경우가 많은 만큼 사회에 미치는 영향력도 상당히 크지. 그래서 전문직 종사자에게는 특히 높은 수준의 도덕성과 청렴의 의무를 요구하게 마련이야. 그중에서도 의료인은 우리 사회의 대표적인 전문직 가운데 하나인데, 앞서 말했듯 이들의 비윤리적인 행위가 언론에 보도되니 수술실 CCTV 설치 요구가 불거지게 된 거야.

Yes?
No?

● 토론 전에 생각해 보기 ●

☐ 수술을 할 때 꼭 지켜져야 하는 원칙들은
무엇일까?

☐ 의사를 신뢰한다면, 혹은 신뢰하지 못한다면
그 이유는 무엇일까?

☐ 개인의 사생활 보호와 안전 중에서 무엇이 더
중요할까?

☐ '수술실 CCTV'에 대한 '나'의 생각은?

도움이 되는 자료들

수술실 CCTV 설치에
대한 맞짱 토론

의료계와 환자 단체 간
여전한 입장 차

찬성 1

수술실 CCTV 설치를 의무화하면 환자의 알 권리를 보장하고 인권을 보호할 수 있을 거야. 또 의료인의 불법행위를 감시할 수도 있어.

　　2014년 한 성형외과의 수술실 사진이 유출돼 큰 파문이 일었어. 해당 병원의 간호조무사가 SNS에 올린 사진에는 수술실에서 음식을 먹고 수술에 쓰이는 보형물로 장난을 치는 모습 등이 담겨 있었어. 이 외에도 〈자료 1〉에서 살펴볼 수 있듯이, 의료인들이 수술실에서 무자격자 대리 수술·유령 수술·성범죄·의료사고 은폐 등 비윤리적인 행위를 한 사례가 있어. 수술실에서 각종 의료사고와 불법행위가 끊이지 않자 CCTV 설치를 의무화하자는 여론이 일고 있어. 2020년에는 대학 병원에서 수술을 받은 뒤 사망한 6세 아동의 유족이 수술실 CCTV 설치 의무

화를 요구하는 국민 청원 게시 글을 올렸고, 이에 20만 명이 넘는 사람들이 동의하기도 했지.

보건복지부의 통계에 따르면, 2013년 1월부터 2018년 8월까지 68개월간 대리 수술이 적발된 사례는 총 112건이야. 이 같은 사건이 발생할 때마다 의료계에서는 스스로 개선하겠다며 수술실 CCTV 설치를 강하게 반대해 왔어. 하지만 비슷한 사건이 계속 발생해 문제가 되고 있지.

수술실은 외부와 엄격히 차단된 폐쇄적인 장소야. 수술 당사자인 환자는 마취 상태여서 자신에게 어떤 일이 일어나는지 알 수 없어. 환자의 알 권리와 인권을 보호하기 위해 수술실 CCTV 설치는 의무화되어야 해. CCTV 설치를 의무화하면 각종 의료사고나 부정 의료 행위 등을 예방할 수 있을 거야.

〈자료 1〉 국내 수술실 의료사고 및 의료인 불법행위 사례

- 2016년 20대 남성이 성형수술을 받다가 과다 출혈로 숨졌다. 수술실 CCTV를 확인하니, 수술 중간에 집도의가 바뀌는 유령 수술이 진행됐다. CCTV가 없었다면 진상이 밝혀지지 않았을 이 사건을 계기로 수술실 CCTV 의무화 법안이 나왔으나, 국회를 통과하지는 못했다.
- 2018년 부산의 한 정형외과에서 의사 대신 의료 기기 업체 영업 사원이 대리 수술을 한 뒤에, 환자가 뇌사 상태에 빠졌다. 해당 병원 의료진은 사고 이후 진료 기록 등을 조작했다. 의료법 제27조에 따르면 의료인이 아닌 사람은 수술 등 의료 행위를 할 수 없다.

반대 1 ────────────

수술실 CCTV 설치는 의료인의 긴장감을 높여 수술에 악영향을 줄 수 있어. 또한 저장된 수술 영상이 외부에 유출될 우려도 있지.

CCTV 설치는 인권 침해!

수술실 CCTV 설치를 의무화하면 의료인의 긴장감을 유발해 수술 결과에 악영향을 미칠 수 있어. 의료인이 CCTV를 의식해 집중력을 잃어 실수할 가능성이 있기 때문이야. 또 의료인이 자신에게 돌아올지도 모를 불이익을 고려해 최선의 진료 대신 소극적인 진료를 할 수 있고, 이로 인해 환자가 최적의 수술을 받지 못할 수도 있어. 또 수술이 잘못될 경우에 유족이 CCTV를 통해 의사의 과실을 찾아내 소송을 제기할 수 있기 때문에, 사망 확률이 높은 수술을 애초에 기피할 가능성이 높지.

수술 영상 유출 또한 심각한 부작용 가운데 하나야. 수술할 때

102

는 환자의 신체가 노출될 수밖에 없는데, 이 영상이 외부로 유출 되다면 환자의 인권이 심각하게 침해될 수 있어. 아무리 철저하게 관리한다고 해도 해킹 등을 통해 수술 영상이 외부로 유출되는 것을 완벽하게 막기는 어려워. 안 그래도 과도한 업무에 시달리는 의료인들이 영상 보안 관리 업무까지 담당하게 된다면 의료 서비 스의 질이 떨어질 수도 있어.

의료계에서는 수술을 집도하는 의료인을 CCTV로 감시하는 것은 명백한 인권침해라고 주장하고 있어. 의료인을 잠재적인 범 죄자로 취급하는 행위라는 거지. 2019년 대한전공의협의회가 수 련 병원 전공의를 대상으로 설문 조사한 결과, 약 81%가 수술실 CCTV 설치 의무화에 반대한 바 있어. 이렇다 보니 해외에서도 아 직 수술실 CCTV 설치를 의무화한 사례는 없어. 〈자료 2〉에서 알 수 있듯이 미국에서도 의무화 법안이 발의됐지만 의료계의 반발 로 국회를 통과하지 못했지.

〈자료 2〉 외국의 수술실 CCTV 법안 발의 사례

2018년 미국 위스콘신주에서 성형수술 중에 부분마취제 과다 사용으로 환 자가 사망했다. 이를 계기로 수술실 CCTV 설치 의무화 법안이 발의됐지만, 의료계의 반발로 국회를 통과하지 못했다. 매사추세츠주 등에서도 병원이 수술 장면을 의무적으로 기록해야 한다는 법안이 발의됐으나 마찬가지로 국회를 통과하지 못했다.

**수술실 CCTV 설치 의무화는
의료 사고 관련 분쟁을 줄인다는 점에서
의료인들에게 도움이 될 거야.
그리고 의료인을 제외한 대다수의 국민은
압도적인 비율로 찬성하고 있어.**

모든 수술실에 CCTV가 설치되면 의료사고와 관련된 분쟁을 줄일 수 있어. 그리고 의료 소송에서 절대적으로 불리한 피해자, 즉 환자에게 큰 도움이 될 거야. 의료 분쟁에서 환자나 보호자가 전문가인 의료인의 과실을 증명하는 것은 쉬운 일이 아니야. 한국의료분쟁조정중재원에 따르면, 2017년 전국 법원에 접수된 의료사고 소송 955건 가운데 원고, 즉 환자 측이 완전 승소한 사례는 겨우 11건, 즉 1%대에 불과했지. 이런 상황에 수술실 CCTV 설치 의무화는 의료사고의 원인을 명확하게 파악하는 데 기여할 거야.

수술실에 CCTV가 설치되면 의사가 심리적 부담을 느낄 수 있다는 점에는 공감해. 하지만 의사에게 이로운 점도 있어. 본래 성공 확률이 낮은 수술이었거나 환자의 상태가 급격히 나빠져 사망에 이르렀음에도 유족이 의료 소송을 제기하는 경우가 있거든. 이때 CCTV 영상을 통해 의사의 무고함을 증명할 수 있지.

한편, 대다수 국민이 수술실 CCTV 설치 의무화를 반기고 있어. 〈자료 3〉을 보면 70%가 넘는 성인이 수술실 CCTV 설치 의무화에 찬성한다는 것을 알 수 있어.

반대 측에서는 무분별한 개인 정보 수집과 촬영 영상 유출을 우려하기도 했는데, 어차피 수술실 CCTV 촬영을 위해서는 반드시 환자의 동의가 필요해. 개인 정보나 영상 유출 문제가 걱정된다면 환자 스스로 촬영에 동의하지 않으면 돼.

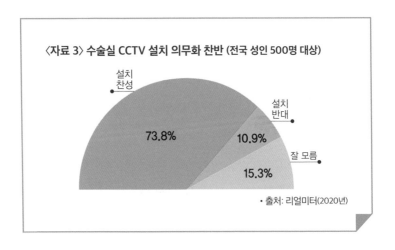

〈자료 3〉 수술실 CCTV 설치 의무화 찬반 (전국 성인 500명 대상)

설치 찬성
설치 반대
잘 모름
73.8%
10.9%
15.3%

• 출처: 리얼미터(2020년)

No!

반대 2 ━━━━━━━━━━━━━━━━━━

수술실 CCTV 설치로 의료인의 지적 재산권이 침해될 수 있어. 수술실 블랙박스 등 대안을 고려해야 해.

지적
재산권
침해!

　　　　　의사는 오랜 시간 다양한 수술 경험을 통해 자신만의 기술을 축적해. 이들이 축적한 수술 기술은 소중한 재산이지. 그런데 수술실에 CCTV를 설치해 수술 장면을 촬영한다면, 해당 의사의 수술 기술, 즉 지적 재산권이 침해될 수 있어. 제도라는 이름 아래 지적 재산권을 위협하는 것이 과연 옳은 일인지 의문이 들어.

　　그리고 수술실 CCTV 설치 의무화 주장에는 의사를 신뢰할 수 없다는 전제가 깔려 있어. 이러한 상황에서 소신껏 수술에 임할 의사가 얼마나 될까? 따라서 수술실 CCTV 설치 의무화가 아닌 다른 방안을 고려해 볼 필요가 있어.

예를 들어 이미 설치된 병원 내 CCTV를 자유롭게 열람하게 한다면 어떨까? 현재 많은 병원의 진료실·응급실·복도·통로에 CCTV가 설치되어 있어. 환자가 이 CCTV를 자유롭게 열람할 수 있다면, 수술실 안에 CCTV를 설치하지 않더라도 충분히 대리 수술·유령 수술 문제 등을 밝혀낼 수 있을 거야. 또 수술실 출입구에 지문 인식 장치를 설치하면, 수술실에 드나드는 사람을 체계적으로 관리할 수 있겠지.

〈자료 4〉에 소개한 수술실 블랙박스도 대안이 될 수 있어. 의료 사고의 증거를 수집하기 위해 CCTV 설치가 필요하다는 의견이 많은데, 사실 의료인에게는 원래 환자 질병과 치료에 관한 의무 기록을 상세히 작성해야 할 법적 책임이 있어. 의무 기록을 더욱 꼼꼼히 기술하고 수술에 참여한 의료진이 공동으로 작성하도록 한다면, CCTV 설치 못지않은 효과를 거둘 수 있을 거야.

〈자료 4〉 수술실 블랙박스

캐나다 토론토에 있는 세인트마이클 병원에는 '수술실 블랙박스'가 설치되어 있다. 수술실 블랙박스는 의료진이 나누는 대화와 수술 기구의 움직임, 환자의 혈압·체온·심박수 등을 기록하는 장치다. 의료사고가 생겼을 때 원인 파악에 참고할 수 있는데, CCTV보다는 상대적으로 인권침해 우려가 적다.

토론 갈무리하기

이번 토론 주제는 '수술실 CCTV 설치, 의무화해야 할까'였어. 찬성 측은 무자격자 대리 수술·유령 수술·성범죄·의료사고 은폐 등 의료인의 비윤리적 행위를 예방하기 위해 수술실에 CCTV를 설치해야 한다고 주장했어. CCTV 설치를 통해 환자의 알 권리를 보장하고 인권도 보호할 수 있다고 했지. 또 의료사고 관련 분쟁을 줄일 수 있다고도 했어. 의료 소송에서 대부분 절대적으로 불리한 피해자 측에 도움이 된다는 의견도 있었지.

반대 측은 CCTV가 의료인의 긴장감을 유발해 수술의 질을 떨어뜨리고, 소극적인 진료를 하게 만들거나 사망 확률이 높은 위험한 수술을 기피하게 만들 수도 있다고 주장했어. 한편 수술 영상이 외부에 유출돼 환자의 인권이 침해될 가능성이 있다고 했지. CCTV 대신 수술실 출입구에 지문 인식 장치를 설치하거나 수술실 블랙박스를 활용하는 등 대안을 제시했어.

수술실 CCTV 설치 의무화를 담은 의료법 개정안은 최근 몇 년간 국회에 발의되었지만 2021년까지도 통과되지 않은 상태야. 앞으로도 논쟁은 계속될 것으로 보여. 하루빨리 환자와 의료인 모두가 만족할 수 있는 결과가 나왔으면 좋겠어.

3 | 평등

사회 각 분야의 차별을 없앨
방법은 무엇일까?

고교 학점제 도입, 이대로 괜찮을까

오늘은 '고교 학점제'를 주제로 토론하려고 해. '고교 학점제'는 학생들이 진로에 따라 다양한 과목을 선택해 이수하고 주어진 누적 학점을 채우면 졸업을 인정받는 제도야. 2020년 마이스터고를 시작으로 단계적으로 도입되어, 2022년에는 특성화고와 일부 일반고에서, 2025년까지는 모든 고등학교에서 시행될 예정이지. 고교 학점제 도입을 찬성하는 측은 진로 맞춤형 교육이 강화되고 학생에게 교과 선택권이 주어지는 것을 반기고 있어.

이에 반해 반대 측은 원래 취지와는 달리 대입 위주의 교과목에 쏠림 현상이 발생할 것이며, 도시와 농촌 간 학력 격차도 심해질 거라고 우려를 표하지.

고교 학점제를 이미 경험해 본 친구들도 있겠지만, 차근차근 자세히 생각해 볼 기회는 없었을 거야. 본래 고교 학점제는 과도한 성적 경쟁과 입시에 대한 부담을 덜고, 진로와 적성에 맞는 수업을 학생 스스로 고르게 함으로써 진로 선택을 돕기 위해 도입된 제도야.

이에 따라 학생들은 고등학교 3년간 이수해야 하는 총 학점 안에서 필수과목 학점을 제외한 나머지 학점을 자유롭게 선택할 수 있어. 수업 후 평가를 통해 성취 수준에 도달했다고 판단되는 학생은 학점을 취득하고, 그렇지 못한 학생은 보충 프로그램 등의 지도를 받게 돼. 이렇게 모든 학점을 취득하면 졸업을 인정받을 수 있지.

2025년 고교 학점제가 안정적으로 전면 시행될 수 있도록 2018년부터 시·도 교육청이 연구학교와 선도학교를 지정해서 시범 운영하고 있어. 2021년 현재 연구학교는 전국 10곳, 선도학교는 43곳이 있지.

Yes?
No?

• 토론 전에 생각해 보기 •

- -

☐ 현재 학교에서 배우는 과목들은 다양한 진로
　선택에 도움이 되는가?

☐ 고교 학점제가 시행된다면 꼭 듣고 싶은 과목이
　있는가?

☐ 중·고등학교와 대학교의 가장 큰 차이점은 무엇
　일까?

☐ '고교 학점제'에 대한 '나'의 생각은?

- -

도움이 되는 자료들

고교 학점제,
무엇이든 물어보세요!

고교 학점제 시행 학교
장단점 사례

찬성 1 ─────────────────

**고교 학점제가 도입되면 학생의 진로와
적성을 고려한 맞춤형 교육이 강화될 거야.
또 학생의 수업 참여도가 향상되고,
수업의 질도 높아질 것으로 보여.**

　　　　고교 학점제의 핵심은 학생에게 과목을 선택
할 권한이 주어진다는 거야. 필수과목을 제외한 나머지 과목을
개개인의 적성과 진로에 맞춰 선택할 수 있거든. 이런 수업 방식
은 학생들이 진로를 설정하는 데 기여할 거야. 내가 좋아하는 공
부가 무엇인지 고민하고 선택하는 과정을 통해 적성을 발견하고,
대학 진학 시 선택할 전공이나 직업 등을 결정하는 데도 도움을
받을 수 있지.

　또 배우고 싶은 과목을 직접 고를 수 있게 되면 학생들의 학습
욕구가 크게 향상될 거야. 흥미 있는 분야를 공부하는 만큼 집중

력이 높아지고 수업에 적극적으로 참여하게 될 테니까 말이야. 이미 짜여 있는 시간표대로 모든 과목을 공부하는 기존 교육과정에서는 흥미 없는 수업에 적극적으로 참여하지 않거나 소외되는 학생이 생기곤 했는데, 이런 문제도 자연스럽게 해결될 것으로 보여.

수업에 적극적으로 참여하는 학생들로 학급이 구성된 만큼, 수업의 질 또한 높아질 거야. 고교 학점제 도입을 통해, 우리나라 교육의 문제점이라 일컬어지던 주입식 교육이 아닌 자기 주도적 교육이 이루어질 거라고 기대하는 사람도 많지. 〈자료 1〉을 보면 고교 학점제 연구학교로 선정된 학교의 학생과 교사, 학부모 다수가 제도 도입에 만족감을 느낀다는 것을 알 수 있어. 물론 고교 학점제라는 새로운 제도가 도입되고 정착하기까지 다소 긴 시간이 필요할지도 몰라. 하지만 학생들이 더 나은 교육을 받고, 스스로 미래를 설계해 나가는 데 도움이 된다는 점에서 꼭 필요하다고 생각해.

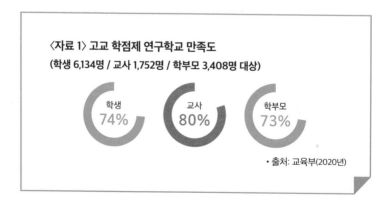

〈자료 1〉 고교 학점제 연구학교 만족도
(학생 6,134명 / 교사 1,752명 / 학부모 3,408명 대상)

학생 74%　　교사 80%　　학부모 73%

• 출처: 교육부(2020년)

반대 1 ──────────────

**본래 취지와 달리 학생들이 진로나
적성에 맞는 과목이 아니라 대학 입시에
유리한 과목을 선택해 오히려
수업 불균형이 발생할 가능성이 있어.**

　　　　　　　고교 학점제가 도입되고 학생들이 직접 과목
을 선택한다면 특정 과목 쏠림 현상이 발생할 우려가 있어. 자신
의 진로나 적성에 맞는 과목을 선택하는 것이 아니라, 대학 입시
에 유리한 주요 과목이나 점수를 받기 쉬운 과목 등을 고를 가능
성이 있기 때문이야. 흥미가 있는 과목이라도 담당 교사가 까다
롭거나 과제를 많이 낸다는 등의 이유로 선택하지 않을 수 있지.
또 같은 과목 중에서도 인기가 높은 교사의 수업에만 학생이 몰
려 문제가 될 수 있어.
　　다양한 과목과 수준의 수업을 개설한다는 것도 현실적으로 무

리가 있어 보여. 고교 학점제의 요지는 학생들이 원하는 수업을 많이 개설해 학생의 교육권을 보장한다는 거야. 그런데 현재 우리나라의 교사 수를 생각해 보면 얼마나 다양한 과목이 개설될 수 있을지 의문이야. 2025년 고교 학점제 전면 도입까지 시간이 얼마 남지 않았는데, 그동안 전문 교사를 얼마나 양성할 수 있겠어?

또 도시와 농촌 간 교육 격차가 더욱 심해질 거라는 의견도 있어. 다양한 과목을 가르칠 전문 교사가 농촌 지역에 가는 것을 꺼려, 수업의 종류와 질에서 차이가 벌어질 수 있다는 주장이지. 고교 학점제가 제대로 자리 잡으려면 국어·영어·수학은 물론 모든 교과에 걸쳐 다채로운 과목이 개설되어야 해. 〈자료 2〉를 보면 고교 학점제를 도입한 다른 나라의 경우, 적게는 40개, 많게는 400개의 과목이 개설되어 있어. 고교 학점제 전면 도입은 이 같은 준비 작업이 충분히 이뤄진 뒤에 시행되어야 한다고 봐.

〈자료 2〉 고교 학점제 국가별 운영 현황

구분	미국	핀란드	싱가포르	캐나다	프랑스	영국
필수 교과	5~7개	13개	3개	8개	9개	10개
학교별 개설 강좌 수	200~400개	200개	70개	150개	40개	40개

• 출처: 교육부(2018년)

찬성 2 ―――――――――――

고교 학점제를 도입하면 다양한 수업을 통해 학생 개개인의 성장에 집중할 수 있어. 또 사교육 의존도를 낮추는 데도 도움이 될 거야.

　　모든 학생이 같은 수준의 학습 능력을 지닌 것은 아니야. 같은 교실에서 수업을 듣지만 저마다 학습 능력에 차이가 있다 보니 수업 수준이 맞지 않아 어려움을 겪는 학생도 있지. 그래서 우리나라 학생들이 사교육에 더욱 치중하고 학교 공부를 소홀히 하게 됐다는 의견도 있어. 고교 학점제가 도입되면 다양한 과목과 수준의 수업이 개설되어 학생들이 자신의 역량에 맞는 수업을 골라 개인의 성장에 집중할 수 있어. 또 저마다 원하는 분야와 수준의 수업을 들음으로써 학교 수업에 적극적으로 참여하고,

이를 통해 사교육에 의존하는 현상이 완화될 거야.

한편 학교와 교실이라는 전통적인 공간을 벗어나 새로운 형태의 수업을 들을 수도 있어. 학교 내에서 운영하기 어려웠던 과목을 인근 학교와 공동으로 개설하는 것이 대표적인 예야. 또 온라인 수업을 통해 어디에서나 학습할 수 있고, 대학이나 지역사회 기관 등과 연계한 형태의 수업을 경험할 수도 있지.

〈자료 3〉을 보면 미국·핀란드·싱가포르 등 교육 선진국이라 불리는 나라들이 고교 학점제를 어떤 형태로 운영하고 있는지 알 수 있어. 세부 운영 내용은 다르지만, 획일화된 교육 제도를 시행하는 나라는 거의 없지. 이처럼 우리나라 또한 고교 학점제를 통해 개인의 개성과 역량이 강조되는 분위기 속에서 학생의 능력과 적성을 고려한 교육을 제공하면 좋겠어.

〈자료 3〉 세계 여러 나라의 고교 학점제 형태

미국은 다양한 수준의 세부 과목을 제공하고, 학생들은 학교 상담사와의 상담을 통해 개인 시간표를 작성한다. 핀란드는 학생, 학부모, 교사가 함께 3년간의 학습 계획을 작성한 뒤에 과목을 선택한다. 과목 선택에 도움을 주는 학업 상담 지도 교사도 따로 있다. 싱가포르는 수준별 수업 학점제를 도입해, 세 가지 수준의 과목을 조합해 수업을 들을 수 있게 했다.

• 출처: 교육부(2019년)

**대입 전형의 변화 없이 고교 학점제를
도입하면 큰 혼란이 생길 거야.
학급 공동체가 무너지고 담임교사의
영향력이 줄어들 수도 있어.**

대학 입시 제도가 변화하지 않은 상태에서 고
교 학점제가 도입되면 학생들이 큰 혼란을 겪게 될 거야. 대학 입
시 준비를 위해 사교육에 더욱 의존하고, 늘어난 과목 수만큼 학
업 부담도 커질 것으로 보여.

고교 학점제가 시행되면서 성취 평가제가 도입되는 것도 문제
야. 성취 평가제는 석차 등급 없이 절대 평가 방식으로 학생의 학
업 성취 수준을 평가하는 제도야. 2020년 고교 학점제가 도입
된 마이스터고의 경우에는 성취 기준을 절대 평가로 A·B·C·D·E
5등급으로 구분했고, E를 낙제 수준으로 정해 재이수하도록 했

지. 그런데 이러면 시험 문제를 쉽게 내거나 수행평가 점수를 후하게 주는 방식으로 성적을 부풀려 고득점자를 늘리고, 재이수하는 학생이 나오지 않도록 하는 사례가 생길 수 있어. 또 대학에서는 실력 있는 학생을 선발하기 위한 평가 수단을 따로 만들어 입시 제도에 큰 혼란이 발생할 우려도 있지.

　한편 학생들이 각기 다른 시간표에 따라 교실을 이동해 수업을 받으면서 학급 공동체가 무너지고, 담임교사의 영향력이 줄어들 수 있어. 고교 학점제가 전면 도입되기에 앞서 이와 같은 세부적인 문제에 대한 대안을 마련해야 해. 〈자료 4〉를 보면 고교 학점제 시행을 중단하거나 연기해야 한다고 생각하는 고등학교 교사가 압도적으로 많다는 걸 알 수 있어. 이 설문 조사에서 교사들은 고등학교 1학년 1학기에 진로를 결정하고 이에 맞춰 과목을 선택하는 것은 무리이며, 진로 설정을 위해 충분한 탐색 기간이 필요하다고 입을 모았어.

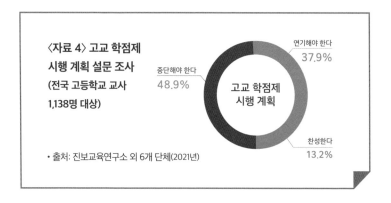

〈자료 4〉 고교 학점제 시행 계획 설문 조사 (전국 고등학교 교사 1,138명 대상)

연기해야 한다 37.9%

중단해야 한다 48.9%

고교 학점제 시행 계획

찬성한다 13.2%

• 출처: 진보교육연구소 외 6개 단체(2021년)

이번 토론 주제는 '고교 학점제 도입, 이대로 괜찮을까'였어. 찬성 측은 고교 학점제 도입으로 학생의 진로와 적성을 고려한 맞춤형 교육이 강화될 거라고 내다봤어. 스스로 과목을 선택하면 학습 욕구가 커지고 수업 참여도가 높아져 자기 주도적 교육이 이루어질 수 있다고 했지. 이를 통해 사교육에 의존하는 현상도 완화될 거라고 봤어.

반대 측은 대학 입시 제도가 변화하지 않은 상태에서 고교 학점제가 도입되면 혼란이 일어날 수 있다고 걱정했어. 입시 준비를 위해 사교육에 더욱 의존하며, 과목 수가 늘어나 학업 부담도 커질 거라고 했지. 다양한 과목과 수준의 수업을 개설하는 건 좋지만, 교사 수 부족 등 이에 따른 세부적인 문제들을 먼저 해결해야 한다고도 했어.

2025년에는 전국 모든 고등학교에 고교 학점제가 도입될 예정이야. 남은 시간 동안 교육 현장의 목소리에 더 귀 기울이고 제도적인 허점을 보완해서 모든 학생이 혼란 없이 학업에 집중할 수 있는 환경이 마련됐으면 좋겠어.

여성 징병제, 정말 필요할까

오늘은 '여성 징병제'를 주제로 토론하려고 해. 여성 징병제 논란은 오래전부터 끊임없이 이어져 왔어. 이 문제가 다시 쟁점으로 떠오른 것은 출산율이 낮아지고 인구가 감소하면서 병역의 의무를 수행할 인적자원이 급격히 줄고 있어서야. 또 북한과의 관계가 나빠지고 위기가 고조될 때마다 안보에 관한 우려의 목소리가 커진 것도 한몫했지.

여성 징병제 도입 찬성 측은 형평성을 고려했을 때 남녀 모두에게 병역의무를 부과해야 한다고 주장해. 반대 측은 여성의 신체 조건이 군대 복무에 적합하지 않다거나, 사회의 다른 영역에서 성 평등이 정착되지 않은 상태로 이 문제에서만 형평성을 따질 수는 없다고 생각하지. 여성 징병제 도입은 우리 사회에 꼭 필요한 변화일까, 혼란을 더할 위험한 정책일까?

오늘 토론 주제와 관련해 징병제의 개념과 우리나라에서의 적용에 대해 먼저 살펴보자. 현재 우리나라의 병역제도는 징병제에 해당해. 징병제는 국가가 국민에게 강제적으로 병역의무를 지우는 의무병역제도야. 그런데 우리나라의 경우에 징병제 적용 대상을 남성으로 한정했기 때문에, 일정 나이의 남성에게 병역의 의무가 부과되고 신체 조건 등에 따라 그 역할이 분류돼. 군대를 제대한 남성들도 일정 기간 예비군 훈련을 받아야 하는데, 전쟁 등 국가 위기 사태가 발생하면 군인으로 복무해야 하기 때문이야.

일반 병사 외에 지휘관급인 간부는 징병제가 아닌 모병제를 통해 선발하고 있어. 모병제는 직업군인으로 군대를 유지하는 병역제도야. 모병제의 핵심은 강제성 없이 개인의 의사에 따라 군 복무 여부를 결정한다는 거지. 세계적으로는 징병제보다 모병제를 채택하는 나라가 더 많아.

Yes?
No?

● 토론 전에 생각해 보기 ●

☐ 군대는 반드시 존재해야 할까?

☐ 성 평등을 이루기 위해 개선해야 할 사회제도는
무엇이 있을까?

☐ 자발적으로 입대하는 모병제를 시행하면 어떤 일
이 벌어질까?

☐ '여성 징병제 도입'에 대한 '나'의 생각은?

도움이 되는 자료들

병역제도에 대한
전문가들의 찬반 토론

여군 대상
불법촬영 범죄

Yes!

찬성 1

**인구 감소로 병역 자원이 줄고 있어.
이런 상황에서 군대를 안정적으로
유지하려면 여성 징병제 도입이 필요해.**

출산율 저하에서 비롯된 인구 감소는 우리 사회에 많은 영향을 미쳤고, 그 가운데 하나가 병역 자원 감소야. 병역 자원이 줄면 군대 규모가 축소될 수밖에 없고, 이는 안보 불안으로 이어질 수 있지. 2019년 정부는 병역 자원 감소 대응 방안을 발표한 바 있어. 2018년 약 61만 명이던 상비 병력(국가 비상사태에 항상 대비할 수 있도록 편성된 군인)을 2022년까지 약 50만 명으로 줄이고, 간부 중심으로 군 조직을 개편하는 방안이었지. 그런데 인구 감소 규모가 이보다 더 클 것으로 보여 걱정이야. 국방부 자료에 따르면, 2020년 병역의무자인 20세 남성 인구는 약 33만 명이야. 2022~2036년엔 22만~25만 명 수준으로 줄고, 2037년 이

126

후엔 20만 명 이하로 급격히 감소할 예정이지. 이런 속도라면 사실상 상비 병력 50만 명 유지는 힘들 것으로 보여. 우리나라가 휴전 중이라는 특수한 상황에 놓인 국가인 만큼, 병역 자원 손실은 심각한 문제가 아닐 수 없어.

여성 징병제를 도입하면 병역 자원을 확보하는 데 도움이 될 거야. 많은 국민도 여성 징병제 도입을 긍정적으로 생각하고 있어. 〈자료 1〉을 보면 성인 남녀 상당수가 여성 징병제 도입을 찬성한다는 것을 알 수 있지. 여성의 신체적인 특성 때문에 병역의무를 다할 수 없다는 것은 타당한 근거가 아니야. 신체적으로 남성보다 우월한 조건을 가진 여성도 존재하며, 전투 임무가 아닌 지원 및 행정 업무 등에도 얼마든지 복무할 수 있거든. 어떤 형태로든 여성 또한 국방의 의무를 다해 병역 부담을 나누어야 한다고 생각해.

〈자료 1〉 여성 징병제 도입에 찬성하는가? (전국 성인 남녀 1,000여 명 대상)

찬성 52.8%
반대 35.4%

• 출처: KBS 공영미디어연구소(2020년)
※ 여성 징병제 찬성 응답은 남성에게서 상대적으로 높게 나타남.

반대 1 ——————

헌법 재판소에서 '남성에게만 병역의무를 부과한 것은 평등권 침해로 볼 수 없으며, 헌법에 어긋나지 않는다.' 라는 판결을 내린 바 있어.

우리나라는 〈자료 2〉와 같이 헌법과 병역법에 근거해 병역의무를 부과하고 있어. 헌법에 '모든 국민'이 국방의 의무를 진다고 되어 있는데, 실제로는 병역법에 따라 '남성'에게만 병역의무를 부과하고 있지. 이에 대해 남성만 군대에 가는 것은 평등권 침해이며 헌법에 어긋난다는 내용의 헌법 소원이 제기되기도 했어. 하지만 헌법재판소는 이와 관련된 다섯 차례의 문제 제기에 모두 합헌 결정을 내렸어. 남성에게 한정된 병역 의무를 평등권 침해로 보기 어렵다고 판결한 거지.

헌법재판소는 남성이 전투에 더 적합한 신체 능력을 갖추었다고 판단했어. 신체 능력이 뛰어난 여성이 있긴 하지만 월경·임신·출산 등으로 훈련과 업무에 어려움이 있을 수 있다고 봤지. 또 여성은 전쟁 중 포로가 됐을 때 성적 학대를 비롯한 위험에 노출될 가능성이 더 커서, 군사 작전에 투입하기에 부담이 따른다는 점도 강조했어. 따라서 최적의 전투력 확보를 위해 남성만을 병역 의무자로 정한 것은 위법이라 볼 수 없다고 했지. 이 밖에 여성 징병제 도입 시 필요한 시설을 짓거나 여성 관련 물품 준비 등으로 막대한 비용이 발생할 것을 우려하기도 했어. 또 폐쇄적이고 남성 중심적인 조직인 군대에서 여성 대상 성범죄가 발생할 가능성도 크다고 봤어.

헌법재판소의 판단처럼 여성 징병제는 실효성이 낮은 제도라고 봐. 단순히 병역 자원을 확보하는 데에만 초점을 맞출 게 아니라, 무기 개발이나 효율성 높은 훈련 도입 등을 통해 군의 능력을 키우는 것이 더 중요하지 않을까 싶어.

〈자료 2〉 징병제 관련 헌법 및 병역법 조항
• 헌법 제39조 1항: 모든 국민은 법률이 정하는 바에 의하여 국방의 의무를 진다.
• 병역법 제3조 1항: 대한민국 국민인 남성은 헌법과 이 법에서 정하는 바에 따라 병역의무를 성실히 수행하여야 한다. 여성은 지원에 의하여 현역 및 예비역으로만 복무할 수 있다.

Yes!

헌법에 따라 모든 국민은 평등하게 국방의 의무를 다해야 해. 성 평등 차원에서도 징병제는 남녀에 공평하게 적용되는 게 옳아.

모든 국민에게 국방의 의무!

　　　헌법재판소가 남성에게만 병역의무를 부과한 것은 합헌이라고 여러 차례 판결했음에도, 여성 징병제 논란은 사라지지 않았어. 아직도 많은 사람이 여성 징병제가 필요하며, 남녀가 공평하게 국방의 의무를 다해야 한다 생각하고 있어서야. 헌법재판소의 판결은 시대와 사회가 변화함에 따라 바뀔 수 있어.

　'모든 국민은 국방의 의무를 진다'는 헌법 조항에 따라 병역 부담의 형평성을 지키고 성 평등을 실현하는 차원에서, 여성에게도 병역의무를 부과하는 것이 옳다고 생각해. 남성만 병역의 의무를 지는 것은 분명한 차별이야. 남성은 가장 건강하고 활동하기 좋은 20~30대 중 상당 기간을 군대에서 보내. 그리고 제대한 뒤에는, 군 복무 없이 학업 및 취업 준비를 한 여성과 경쟁하지. 그렇기 때문에 군 복무 기간 동안 사회 활동과 단절된 남성이 불이익을 받는다는 지적이 많아. 또 남성은 군 복무 이후 일정 기간 예비군 훈련에 의무적으로 참여해야 하고, 공식적으로 40세까지 병역의무를 지녀. 이런 의무를 남성에게만 적용하는 것은 옳지 않아.

현재 여성은 지원을 통해 군대에 갈 수 있지만 〈자료 3〉에서 볼 수 있듯 부사관이나 장교부터 지원 가능해서, 이 또한 불평등이라는 주장이 나오고 있어. 만약 여성 징병제가 도입된다면 남성의 경우처럼 일반 병사로 복무해야 해.

〈자료 3〉 우리나라 여성의 군대 지원 방법

현재 우리나라에서 여성이 군인이 되는 방법은 두 가지다. 첫 번째는 군의 부사관 시험에 지원해 합격하는 것이다. 부사관이란 병사와 장교 사이의 중간 간부이며, 지휘관을 보좌하고 일반 병사를 감독하고 지시하며 통제하는 업무를 담당한다.

두 번째는 육군·해군·공군·간호사관학교 등에 진학하는 것이다. 군 관련 사관학교를 졸업하면 장교 신분으로 군에 복무할 수 있다. 장교란 군대에서 소위 계급 이상의 간부로, 각 부대를 통솔하는 업무를 담당한다.

반대 2 ─────────────

우리 사회에 성 평등 문화가 자리 잡은 뒤에 여성 징병제를 논의해도 늦지 않아. 병역제도를 징병제가 아닌 모병제로 바꾸는 것도 고려해 볼 만해.

세계에서 약 70개 나라가 징병제를 채택하고 있는데, 이 중 10여 개 나라만 남녀 모두에게 병역의무를 부과해. 주변국과 충돌 중인 이스라엘이 대표적인 예야. 최근에는 노르웨이(2016년)와 스웨덴(2018년) 등이 여성 징병제를 도입해 화제가 됐어. 많은 사람이 이 사례를 언급하며, 우리나라도 여성 징병제를 도입해야 한다고 주장하지. 하지만 노르웨이와 스웨덴은 매우 높은 수준의 성 평등 문화를 지니고 있다는 점에서 우리나라와 큰 차이가 있어. 노르웨이의 경우에는 사회에서 유일하게 성차별이 존재한다고 여겨지는 부분이 군대였어. 이에 여성 정치인을 중심으로 여성도 군대에 가야 한다 주장했고, 압도적인 지지를 받

으며 법안이 통과됐지. 스웨덴 또한 성차별이 없는 국가로 손꼽히는데, 징병제가 부활하며 평등 실현 차원에서 남녀 의무 징병제를 도입했어. 과연 우리나라가 이 두 나라와 같은 수준의 성 평등 문화를 이루었는지 의문이야. 아직도 많은 여성이 결혼·출산을 이유로 사회적 불이익을 받고, 유리 천장(주로 여성의 고위직 진출을 가로막는 보이지 않는 장벽)을 경험하고 있으니 말이야. 그러니 여성 징병제는 우리 사회에 성 평등 문화가 충분히 자리 잡고 나서 논의해도 늦지 않다고 생각해.

한편 병역 자원 감소 대응 방안으로 모병제를 도입해야 한다는 의견도 있어. 〈자료 4〉에 따르면 성인 1,000명 가운데 약 60%가, 인구 감소를 이유로 병역제도를 바꾼다면 모병제가 적합하다고 답했어. 처우를 개선해 군인이 좋은 직업이라는 인식이 생기면, 다소 시간이 걸리더라도 자연스럽게 병역 자원 문제를 해결할 수 있다는 의견이지.

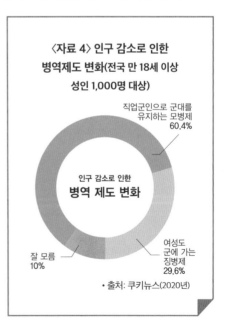

〈자료 4〉 인구 감소로 인한 병역제도 변화(전국 만 18세 이상 성인 1,000명 대상)

직업군인으로 군대를 유지하는 모병제 60.4%

인구 감소로 인한 병역 제도 변화

여성도 군에 가는 징병제 29.6%

잘 모름 10%

• 출처: 쿠키뉴스(2020년)

토론 갈무리하기

이번 토론 주제는 '여성 징병제, 정말 필요할까'였어. 찬성 측은 인구 감소로 인해 병역 자원이 줄고 있다는 점을 강조하며, 안정적으로 군대를 운영하려면 여성 징병제를 도입해 병역 자원을 확보해야 한다고 주장했어. 또 군 복무로 인해 남성이 사회 활동을 시작할 때 겪는 불이익을 공평하게 분담하고 성 평등을 실현하는 차원에서도 여성 징병제가 필요하다고 했지.

반대 측은 남성에게만 병역의무를 부과하는 것이 헌법에 어긋나지 않는다는 헌법재판소 판결을 근거로 내세웠어. 남성이 전투에 더 적합한 신체 조건을 갖추었고, 여성은 월경·임신·출산 등으로 훈련에 어려움이 있다고 했지. 또 남성 중심의 군 조직에서 여성에게 병역의무를 부과하면 권력을 이용한 성범죄가 발생할 우려가 있고, 필요 시설 및 물품 준비 등에 막대한 비용이 들 것을 우려했어. 그런가 하면 성 평등이 실현되지 않은 우리나라에서 징병제는 아직 이르며, 부족한 병력 문제는 모병제로 해결하는 것이 합리적이라는 주장도 있었지.

찬성과 반대 의견이 대립하는 가운데, 양극을 좁히기 위한 국가의 적극적인 노력이 필요해 보여.

주제 11

행정 수도,
이전해야 할까

오늘은 '행정 수도 이전'을 주제로 토론하려고 해. 2020년 7월 여당인 더불어민주당의 원내 대표가 연설을 통해, 국회와 청와대를 세종시로 이전해 행정 수도를 완성하자는 의견을 냈어. 2004년 헌법재판소가 위헌 결정을 내린 바 있는 행정 수도 이전을 재추진하겠다는 의사를 내비친 거야. 이를 계기로 행정 수도 이전 문제가 다시 수면 위로 떠올랐어. 그리고 2021년 4월에는 세종시에 국회 세종의사당을 건립하는 내용을 담은 국회법 개정안이 발의되기도 했지.

찬성 측은 행정 수도를 이전함으로써 수도권 집중 현상을 해소하고 국토의 균형 발전을 이룰 수 있다고 주장해. 반면에 반대 측은 행정 수도 이전이 수도권 과밀화와 부동산 문제를 해결하는 데 큰 도움이 되지 않을 거라며 맞서고 있지.

수도란 '한 나라의 중앙정부가 있는 도시'를 의미해. 나라를 다스리는 통치기관이 위치해 있는 곳인 만큼, 정치는 물론 경제·산업·교통·정보·문화의 중심지인 경우가 많지. 그리고 행정 수도는 '한 나라의 행정부가 위치한 도시'로, 입법·사법·행정 중 행정적인 측면에서 중추적인 역할을 하는 곳이야. 수도권 과밀화 현상으로 인한 문제가 나타날 경우에, 행정부만 다른 지역으로 분산해 효율성을 높이는 거지.

우리나라의 수도가 서울이라는 건 다들 알고 있지? 그런데 서울은 언제부터 수도 역할을 했을까? 서울은 조선의 건국과 함께 수도로서의 역사를 시작했어. 1392년 조선을 건국한 태조 이성계는 2년 뒤 한양, 즉 지금의 서울로 도읍을 옮겼어. 한양은 조선이 역사 속으로 사라지는 날까지 정치·경제의 중심지였지. 일제 강점기에도 경성으로 이름이 바뀌었을 뿐 계속 수도 역할을 했고, 광복 후에는 대한민국의 수도 서울이 되었어. 만약 행정 수도 이전이 현실화된다면 서울의 기능은 지금보다 축소되고, 경제 수도 혹은 상징적 수도의 역할을 할 것으로 보여.

Yes?
No?

● 토론 전에 생각해 보기 ●

- -

☐ 수도권에 인구와 개발이 집중됐을 때
어떤 문제점이 발생할까?

☐ 행정 수도의 이전이 부동산 가격에 영향을
미칠까?

☐ '행정 수도 이전'에 대한 '나'의 생각은?

- -

도움이 되는 자료들

대학생 기자가 말하는
'지방 청춘'의 삶

브라질의 행정 수도
이전 사례

수도의 기능을 분산하면
수도권 과밀화 현상을 해결하고
치솟는 집값을 안정시킬 수 있어.

　　우리나라는 입법·사법·행정으로 권력을 나누어 국가의 균형을 꾀하고 있어. 2012년 행정 중심 복합 도시를 건설하면서 상당수 행정기관이 세종시로 이전했는데, 청와대와 입법 주체인 국회, 일부 정부 부처는 아직 서울에 남아 있지. 이러한 상황에서 행정과 입법의 기능을 담당하는 기관까지 세종시로 옮기자는 게 행정 수도 이전 논의의 핵심이야. 행정 수도 이전을 통해 서울을 중심으로 한 수도권 과밀화 현상을 해소하고, 국가의 균형 발전을 이룰 수 있을 것으로 보여.

　　현재 우리나라의 수도권 과밀화 현상과 지역 불균형은 심각한 수준이야. 〈자료 1〉을 살펴보면, 국토 면적 11.8%에 불과한 수도권에 우리나라 전체 인구의 절반이 밀집되어 있음을 알 수 있어. 2020년 6월 통계청이 발표한 「최근 20년간 수도권 인구 이동과 향후 인구 전망」에서는 올해 우리나라 역사상 처음으로 수도권 인구수가 비수도권 인구수를 넘어설 것으로 전망했어. 수도권 과밀화 현상이 나타나는 이유는 국가의 기반이 수도권을 중심으로 마련되어 있기 때문이야. 상위 20개 대학과 주요 기업이 수도권에 집중되어 있다 보니 진학 또는 취업을 이유로 수도권에 올라오는 청년 인구가 급속도로 증가하고 있어. 이로 인해 주택난, 교통난 등 각종 도시문제가 발생하고 있지.

하루가 다르게 치솟고 있는 집값 문제 또한 수도권 집중화의 부작용이라는 의견이 많아. 국회와 청와대가 세종시로 옮겨 가면 적지 않은 공무원들이 주거지를 이동해야 해. 그렇게 되면 서울의 주택 수요는 확실히 감소할 거야.

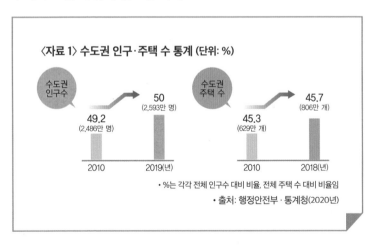

〈자료 1〉 수도권 인구·주택 수 통계 (단위: %)

수도권 인구수
49.2 (2,486만 명) 2010
50 (2,593만 명) 2019(년)

수도권 주택 수
45.3 (629만 개) 2010
45.7 (806만 개) 2018(년)

• %는 각각 전체 인구수 대비 비율, 전체 주택 수 대비 비율임
• 출처: 행정안전부·통계청(2020년)

No!

반대 1 ──────────────

2004년 행정 수도 이전은 위헌이라는 헌법재판소 판결이 나온 바 있어. 그리고 행정 수도 이전으로 수도권 과밀화나 부동산 문제가 해결될 수 있을지 의문이야.

행정 수도 이전이 논란이 된 건 이번이 처음은 아니야. 고 노무현 전 대통령이 2002년 대선에서 행정 수도 이전을 주요 공약으로 내세운 바 있지. 그리고 대통령에 당선된 후 행정 수도 이전을 추진했어. 하지만 2004년 헌법재판소는 "정치·행정의 중심적 기능을 하는 대통령과 국회가 있는 곳이 수도"이며, "서울이 수도라는 점은 조선 왕조 이래 형성된 관행이자 관습 헌법"이라며 위헌 결정을 내렸어. 헌법에 대한민국의 수도가 서울이라는 조항은 없지만, 관습 헌법에 따라 수도 이전은 위헌이라는 거지. 그렇기에 행정 수도 이전을 위해서는 먼저 헌법 개정

을 통해 "대한민국의 수도는 서울, 행정 수도는 세종시다."와 같은 조항이 마련되어야 할 것으로 보여.

또 행정 수도 이전으로 수도권 과밀화와 부동산 문제가 해결될 수 있을지 의문이야. 세종시는 충청남도 근처로 거리상 수도권과 멀리 떨어져 있지 않아. 그러니 행정 수도 이전이 자칫 수도권의 범위를 확대하는 것에 지나지 않을 수 있어. 수도권 과밀화를 해결하려면 행정 수도 이전보다는 기업의 지방 이전 및 유치 등의 방안이 더 효과적이라고 생각해. 또 행정 수도 이전으로 수도권 집값을 안정시키는 게 아니라, 오히려 세종시와 인근 지역의 집값을 상승시킬 거라는 우려도 있어. 〈자료 2〉를 보면, 행정 수도 이전이 부동산 문제 해결에 큰 도움이 되지 않을 거라는 의견이 과반을 넘기도 했지. 실제로 행정 수도 이전이 이슈가 된 후 되레 세종시의 집값이 크게 상승했어.

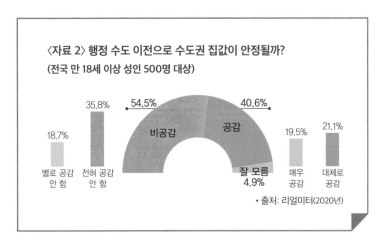

〈자료 2〉 행정 수도 이전으로 수도권 집값이 안정될까?
(전국 만 18세 이상 성인 500명 대상)

18.7% 별로 공감 안 함
35.8% 전혀 공감 안 함
54.5% 비공감
40.6% 공감
잘 모름 4.9%
19.5% 매우 공감
21.1% 대체로 공감

• 출처: 리얼미터(2020년)

찬성 2 ─────────────

행정 수도 이전을 통해 더욱 효율적으로 국정을 운영할 수 있게 될 거야. 또한 '지역 균형 발전'이라는 긍정적인 효과도 기대할 수 있어.

지역 균형 발전

2021년 7월 기준, 국내 중앙행정기관 18부 가운데 13부가 세종시로 이전했어. 남은 5부 가운데 국방·외교·통일·여성가족부가 서울에, 법무부가 경기도 과천에 있지. 또 국책 연구 기관 15개도 세종시로 이전해, 사실상 세종시가 행정 수도 역할을 하고 있다고 볼 수 있어. 하지만 아직 청와대와 국회, 몇몇 부처가 서울에 남아 있어 업무 효율성이 떨어진다는 지적을 받고 있어. 세종시 공무원이 관련된 업무를 처리하기 위해 서울로 출장을 다니느라 일에 집중하기 힘들다는 거야.

잦은 출장으로 인한 시간·비용 낭비도 문제야. 세종 청사 공무원이 서울 출장 시 긴 시간을 길에서 보낸다고 해서 '길과장'이라는 신조어가 생겨났을 정도야. 국토연구원에 따르면, 세종시 정부 부처의 출장 및 시간 비용은 2019년 한 해에만 127억 6,559만 원으로 나타났어. 행정 수도를 이전하면 이러한 비용을 절약하고 업무 효율성도 높일 수 있을 거야.

또한 지리적으로 우리나라 가운데 위치한 세종시를 중심으로 국토 개발 계획을 재정립한다면, 지역 불균형을 해소할 수 있을 거야. 기업도 굳이 수도권을 고집하지 않게 될 테고, 지방 도시의 인구 유출도 막을 수 있을 것으로 보여. 〈자료 3〉을 보면 여러 나라가 경제적·정치적 이유 등으로 행정 수도를 활용하고 있다는 것을 알 수 있어. 국가의 발전과 국민의 더 나은 삶을 원한다면 행정 수도 이전을 반대할 이유가 없어.

〈자료 3〉 외국의 행정 수도 사례

- 캐나다: 킹스턴, 몬트리올, 토론토, 퀘벡의 공동 수도 체제였다가 1867년 오타와를 단독 수도로 결정했다. 하지만 오타와는 행정·문화 수도의 역할만 전담하고, 토론토가 경제·산업 수도의 기능을 한다.
- 미국: 정치 행정 수도 워싱턴과 경제 수도 뉴욕이 균형을 취하며 국가를 이끌어 가고 있다.
- 말레이시아: 수도 쿠알라룸푸르의 만성적인 교통 체증과 행정 기관의 분산으로 인해 발생하는 비효율을 극복하기 위해 행정 수도인 '푸트라자야'를 건설했다.

• 출처: 국민권익위원회(2020년)

반대 2 ————————————————

**행정 수도 이전은 면밀한 검토를
거친 뒤 신중하게 결정되어야 해.
섣불리 추진했다가는 국토의 균형 발전이
아니라 충청권의 발전에만 그칠 수도 있어.**

행정 수도 이전?

?? ?

행정 수도 이전은 신중하게 결정되어야 할 사안이야. 하지만 지금 우리나라의 행정 수도 이전 논의는 깊은 고민 과정 없이, 거듭되는 부동산 정책 실패를 극복하기 위한 수단으로 이용되는 느낌이 드는 게 사실이야. 행정 수도 이전에 앞서 이에 따른 정치적·경제적 파급 효과에 대한 종합적인 분석이 먼저 이루어져야 해. 치밀한 검증 없이 행정 수도 이전을 섣불리 감행한다면, 국민 여론이 분열될 뿐 아니라 천문학적인 세금이 낭비되는 등 큰 손해를 불러올 수 있어.

〈자료 4〉에 따르면 행정 수도 이전에 대한 국민 여론이 팽팽하게 맞서고 있다는 것을 알 수 있어. 이처럼 국민의 의견이 어느 정도 모이지 않은 상황에서 행정 수도 이전을 성급하게 추진해서는 안 돼. 참고로 브라질의 브라질리아 행정 수도 이전이 전형적인 실패 사례야. 브라질은 내륙 개발과 수도권 과밀화 해소를 목적으로 1960년에 행정 수도를 브라질리아로 이전했어. 대통령궁·국회·정부 부처 모두 옮겼지. 그런데 현재 브라질리아는 문화·관광·교육 등 기반 시설이 부족하고, 일자리가 정부 기관에만 집중되어 퇴근 시간이나 주말에는 텅 빈 도시가 되고 말았어. 우리나라 역시 이러한 상황에 놓일 수 있어.

한편 행정 수도 이전 효과가 국토 전체가 아닌 충청권에만 그칠 가능성도 있어. 세종시와 가까운 충청권만 혜택을 받을 뿐, 다른 지역의 발전에는 별다른 도움이 되지 않을 수 있거든.

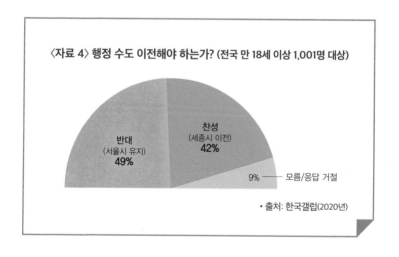

〈자료 4〉 행정 수도 이전해야 하는가? (전국 만 18세 이상 1,001명 대상)

반대
(서울시 유지)
49%

찬성
(세종시 이전)
42%

9% ─── 모름/응답 거절

• 출처: 한국갤럽(2020년)

이번 토론 주제는 '행정 수도, 이전해야 할까'였어. 찬성 측은 행정 수도 이전을 통해 수도권 과밀화 현상을 해결하고 집값을 안정시킬 수 있을 거라고 주장했어. 또 국토의 균형 발전을 이룰 수 있다고도 했지. 서울에 남아 있는 청와대·국회·행정 기관을 세종시로 옮기면 효율적인 국정 운영이 가능해질 거라고 이야기하기도 했어.

반대 측은 이미 지난 2004년 행정 수도 이전이 위헌이라 판결된 적이 있는데, 또다시 같은 문제로 혼란을 일으켜서는 안 된다고 주장했어. 설사 행정 수도 이전이 추진되더라도 헌법 개정이 먼저 이루어져야 한다고 했지.

또 행정 수도 이전이 수도권 과밀화와 부동산 문제 해결에 큰 도움이 되지 않을 거라 보기도 했어. 수도권의 범위를 넓히는 데 지나지 않고, 오히려 세종시의 집값이 오르는 부작용을 가져올 거라고도 했지.

이렇듯 행정 수도 이전은 성급하게 결정할 문제가 아니야. 행정 수도 이전이 불러올 득실을 꼼꼼히 분석해 신중하게 결정해야 해.

주제 12

공공 부문 비정규직의 정규직화, 꼭 해야 할까

오늘은 '공공 부문 비정규직의 정규직화'를 주제로 토론하려고 해. 공공 부문이란, 정부의 투자나 출자 또는 재정 지원을 받아서 설립·운영되는 기관을 말하지. 정부는 2017년에 전문가·노동계 등과 협의를 거쳐 마련한 가이드라인에 따라 공공 부문 비정규직의 정규직 전환 원칙을 발표하고 추진해 왔어. 고용노동부에 따르면, 2017년 7월부터 2020년 6월까지 공공 부문에서 정규직으로 전환을 완료한 인원은 18만 5,000여 명(목표 대비 90.4%)에 달해.

하지만 공공 부문 비정규직의 정규직화에 대한 국민 여론은 여전히 엇갈리고 있어. 찬성 측은 안정적인 고용 보장을 위해 필요하다는 입장을, 반대 측은 정식 채용 절차를 거치지 않은 비정규직의 정규직 전환은 역차별이라는 입장을 내세우고 있지.

이러한 갈등이 가장 잘 드러난 것이 바로 인천국제공항공사의 사례야. 2020년 6월, 인천국제공항공사는 비정규직 노동자 1만여 명 가운데 총 2,143명을 직접 고용하고, 나머지 7,624명은 3개 자회사에 분산해 고용할 것이라고 밝혔어. 이 중 보안 검색 요원은 특수 경비원에서 청원 경찰로 직종을 바꿔 직접 고용하기로 하면서 논란이 확대됐지. 청와대 국민 청원 게시판에 공공 부문 비정규직의 정규직화에 반대하는 글이 등장하기도 했어.

오늘 토론 주제와 관련해 먼저 대표적인 고용 형태에 대해 알아 둘 필요가 있어. 우리나라의 고용 형태는 크게 '정규직'과 '비정규직'으로 구분돼. 정규직이란 "사용자와 직접 계약을 체결하며, 계약 기간을 정하지 않고 정년까지 고용이 보장되는 직위나 직무"를 의미해. 반면에 비정규직은 "정규직과 달리 근무 방식 및 기간, 고용의 지속성 등을 보장받지 못하는 직위나 직무"로, 계약직·임시직·일용직 등이 있어.

정규직·비정규직과 관련된 논란의 핵심은 고용 불안정과 차별 문제야. 국가는 국민의 경제적 안정을 위해 고용 안정 및 경제적 불평등을 해소해야 할 의무가 있지. 그래서 공공 부문 비정규직의 정규직화를 추진하게 된 거야.

Yes?
No?

● 토론 전에 생각해 보기 ●

☐ 국가에서 고용 형태를 정규직과 비정규직으로
구분한 이유는 무엇일까?

☐ 정규직은 비정규직보다 더 대우받아야 할까?
그렇다면 그 이유는 무엇일까?

☐ 공공 부문이 일반 기업과 달라야 하는 점은
무엇일까?

☐ '공공 부문 비정규직의 정규직화'에 대한
'나'의 생각은?

도움이 되는 자료들

정규직과 비정규직의
입장 차이

정규직 전환 이후에도
여전한 차별

비정규직은 정규직과 비교해 여러모로 차별을 받고 있어. 고용을 보장하고 안정적인 일자리를 제공하기 위해 비정규직의 정규직 전환은 반드시 이루어져야 해.

비정규직

비정규직 노동자들은 고용을 보장받지 못하고 일정 시기에 따라 재계약을 체결해야 해서 고용 불안에 시달리고 있어. 하루하루 자신의 쓸모를 입증해야 한다는 부담 속에서 일해야 하고, 과도한 업무나 부당한 대우에 항의하기도 어렵지. 다음 계약에서 불이익을 받을 수도 있기 때문이야.

그 외에도 비정규직은 여러모로 차별받고 있어. 정규직과 같거나 비슷한 업무를 담당하면서도 임금이나 복지 면에서 훨씬 못한 대우를 받는 경우가 많지. 〈자료 1〉에 따르면 2020년 기준 우리나라 전체 노동자 가운데 비정규직의 비율은 36.3%였어. 또한 비정규직의 월평균 임금은 171만 1,000원, 정규직은 323만 4,000원이었다고 해.

그런데 기존의 고용 체계에서 비정규직이 정규직으로 전환되는 것은 불가능에 가까워. 2017년 경제협력개발기구^{OECD} 보고서에 따르면, OECD 가입 국가에서 비정규직이 1년 후 정규직이 될 확률은 평균 36%였다고 해. 그런데 우리나라는 그 수치가 고작 11%에 그쳐 최저 수준을 보였지. 이러한 상황에서 정부가 나서 공공 부문의 비정규직을 정규직으로 전환하는 것은 좋은 시도라고 생각해. 논란이 된 인천국제공항공사 비정규직의 정규직화는 2017년 문재인 대통령이 '공공 부문 비정규직 제로(zero)화'를 선언한 것에 따른 결과라고 할 수 있어. 이를 통해 비정규직 노동자의 삶의 질을 개선하고, 안정적인 일자리를 공급해 고용을 보장할 수 있을 것으로 기대돼.

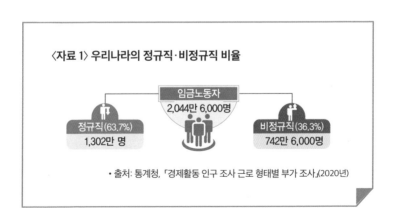

〈자료 1〉 우리나라의 정규직·비정규직 비율

임금노동자
2,044만 6,000명

정규직(63.7%)
1,302만 명

비정규직(36.3%)
742만 6,000명

• 출처: 통계청, 「경제활동 인구 조사 근로 형태별 부가 조사」(2020년)

공개 채용 절차를 거치지 않은 비정규직의 정규직 전환은 청년들의 취업 기회를 박탈하는 행위야. 기존 정규직의 임금과 복지에도 부정적인 영향을 미치게 될 거야.

　　　　　비정규직의 정규직 전환은 청년들의 취업 기회를 박탈할 수 있다는 점에서 불공정한 역차별이야. 신규 채용으로 채워야 할 정규직 자리를 비정규직 노동자들이 차지해 결과적으로 취업 준비생의 기회를 빼앗을 수 있어. 예를 들어 인천국제공항공사는 취업 희망 1위에 꼽히는 공기업으로 채용 경쟁이 무척 치열해. 71명을 채용한 2019년 상반기 전체 입사 경쟁률은 98:1에 달했지. 공개 채용 절차를 거치지 않고 비정규직을 정규직으로 전환하는 것이 불합리하다고 말하는 이유야. 〈자료 2〉에 따르면, 공기업 취업을 준비하는 청년 10명 중 8명(80.6%)이 공공 기관 비정규직의 정규직화에 반대한다고 답했어. 또 이 가운

데 63.3%는 "비정규직의 정규직화는 노력하지 않은 무임승차"라는 의견을 내놓았지. 이렇듯 비정규직의 정규직화는 열심히 준비해 온 취업 준비생들에게 허탈감과 분노를 안겨 줄 수 있어.

비정규직을 정규직으로 전환하면 일시적으로 고용 안정성이 높아질 수는 있어. 하지만 이로 인해 해당 기관이나 기업은 신규 채용을 할 여력이 줄어들 테고, 취업의 문턱은 더욱 높아질 것으로 보여. 또 공공 부문 정규직의 규모가 늘어나면 기존 정규직 직원의 임금과 복지에 부정적인 영향을 미칠 가능성도 있어. 공공 부문의 경우에는 '공공 기관 총액 임금제'에 따라 정해진 예산 안에서 직원들의 임금을 지급해야 하기 때문이야. 정규직 직원이 늘어나는 것에 비례해 예산이 늘어나지 않는다면 기존 직원들의 임금·복지 수준이 저하될 수 있지.

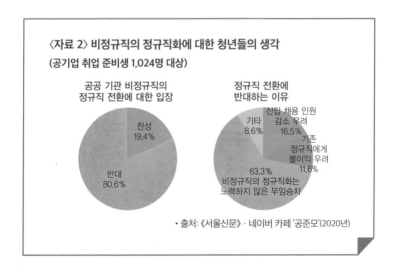

〈자료 2〉 비정규직의 정규직화에 대한 청년들의 생각
(공기업 취업 준비생 1,024명 대상)

공공 기관 비정규직의
정규직 전환에 대한 입장

찬성
19.4%

반대
80.6%

정규직 전환에
반대하는 이유

기타
8.6%

신입 채용 인원
감소 우려
16.5%

기존
정규직에게
불이익 우려
11.6%

63.3%
비정규직의 정규직화는
노력하지 않은 무임승차

• 출처: 《서울신문》 · 네이버 카페 '공준모'(2020년)

Yes!

찬성 2 ————————

**정규직 전환 대상 직종의 대다수는
청년들이 선호하는 직군이 아니야.
따라서 청년의 채용 기회를 빼앗는다고
볼 수 없어.**

일반직✕

정규직으로 전환되는 비정규직은 경비·시설
관리·청소 등 특수한 직종인 경우가 많아. 이 같은 직종은 청년들
이 선호하는 일반직 정규직 일자리가 아니므로 이들의 채용 기회
를 축소한다고 보기는 어려워. 또한 일반직과 직무가 달라 기존
정규직의 업무를 침범하지 않고, 승진에서 경쟁 상대가 되지도
않아. 별도의 임금 체계가 적용되기 때문에 급격한 연봉 인상이
이루어지지도 않지.

공공 부문 비정규직의 정규직 전환이 국가의 재정 부담을 증
가시킬 것이라는 우려도 있어. 하지만 〈자료 3〉의 사례처럼 용역

업체에 지급하던 비용을 비정규직 처우를 개선하는 데 활용한다면 재정 부담이 크진 않을 거야.

한편 이번 논란과 관련한 가짜 뉴스나 왜곡된 언론 보도가 국민 분열을 조장하고 있다는 주장도 있어. 인천국제공항공사 보안 검색 요원의 정규직 전환을 두고 '알바생이 공기업 정규직이 된다'는 식으로 보도했던 것처럼 말이야. 공항 보안 검색 요원은 경찰청에서 지정한 전문 기관에서 일정 시간 이상 교육을 받아야 하므로 아르바이트가 불가능한 직군이야. 또한 입찰을 통해 3~5년마다 협력 업체가 바뀌면 근로계약서를 다시 써야 하지. 따라서 이들의 정규직 전환을 '로또 취업', '무임승차'라고 비난하는 것은 부당해.

〈자료 3〉 서울시 환경 미화 노동자 정규직화 사례

서울시는 2013년부터 민간 업체에 고용된 환경 미화 노동자들을 차례차례 직접 고용해 정규직화했다. 이에 따라 서울시 환경 미화 노동자의 월평균 급여는 이전 152만 원에서 2015년 186만 원으로 올랐다. 서울시는 민간 업체에 지급하던 예산을 환경 미화 노동자 인건비로 바꾸고 호봉 사이의 임금 격차를 좁게 설정해서 재정 부담을 최소화했다. 이 같은 사례를 바탕으로 2017년 정부는 '처우 개선'보다는 '고용 안정'에 초점을 맞춘 공공 부문 비정규직의 정규직 전환 추진 계획을 발표하기도 했다.

반대 2 ————————

**비정규직의 정규직화 이후에
기존 정규직과의 임금 격차를
줄여 달라는 요구가 나올 가능성이 있어.
꼭 정규직화를 추진해야겠다면 공개 채용,
가산점 부여 같은 방식이 적절해 보여.**

임금
격차

줄여
달라!

정규직

↑
임금 격차
↓

비정규직

      비정규직의 정규직 전환이 건강한 노동 환경을 만드는 데 긍정적인 역할을 한다는 것에는 공감해. 다만 정규직 전환 과정이 공정해야 한다는 점은 강조하고 싶어. 인천국제공항공사의 경우, 정규직 전환 방침이 발표된 2017년 5월 12일 이후 보안 검색 협력업체에 입사한 근로자에 대해, 공개 경쟁 채용을 통해 자격을 검증하겠다고 밝혔지. 하지만 직접 고용 절차를 둘러싼 불법행위나 부당해고 소송 등 논란은 끊이지 않고 있어.

  인천국제공항공사에 앞서 비정규직의 정규직 전환을 시행한 다른 공공 기관 대다수도 공개 채용 대신 전환 채용을 했고, 공개

156

채용을 하더라도 기존 인력에서 탈락자가 많이 나오지는 않았어. 게다가 소수의 탈락자에 대한 구제 방안을 마련해 주기도 했지. 그러니 다수의 취업 준비생들이 반발하고 있는 게 아닐까? 실제로 〈자료 4〉에서 확인할 수 있듯, 많은 청년들이 기존 비정규직에 가산점을 부여하는 공개 채용 방식을 활용하자고 주장하고 있어.

비정규직의 정규직 전환 이후를 걱정하는 사람도 많아. 유사 공공 기관에서 비정규직의 정규직 전환을 요구할 수 있고, 정규직으로 전환된 이들이 기존 정규직과의 임금 격차를 좁혀 달라고 주장할 수도 있기 때문이지. 심지어 그들이 기존 정규직과 임금 격차를 줄이기 위한 파업 등 단체행동에 나선다면 또 다른 갈등이 불거질 수도 있어.

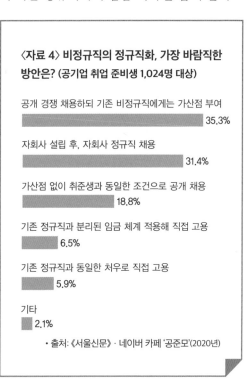

〈자료 4〉 비정규직의 정규직화, 가장 바람직한 방안은? (공기업 취업 준비생 1,024명 대상)

공개 경쟁 채용하되 기존 비정규직에게는 가산점 부여
35.3%

자회사 설립 후, 자회사 정규직 채용
31.4%

가산점 없이 취준생과 동일한 조건으로 공개 채용
18.8%

기존 정규직과 분리된 임금 체계 적용해 직접 고용
6.5%

기존 정규직과 동일한 처우로 직접 고용
5.9%

기타
2.1%

• 출처: 《서울신문》· 네이버 카페 '공준모'(2020년)

이번 도론 주제는 '공공 부문 비정규직의 정규직화, 꼭 해야 할까'였어. 찬성 측은 비정규직이 고용 불안에 시달리고 있으며, 정규직과 비교해 부당한 대우를 받고 있다는 점을 지적했어. 이 같은 차별과 양극화를 막고 안정적인 일자리를 공급하기 위해 비정규직의 정규직 전환이 이루어져야 한다고 주장했지. 또 정규직으로 전환되는 비정규직은 경비·시설 관리·청소처럼 청년층이 선호하지 않는 직종이 많아 청년의 채용 기회를 빼앗는다 볼 수 없다고 했어. 기존 정규직의 업무를 침범하지 않는다는 점도 강조했지.

반대 측은 신규 채용으로 채워야 할 정규직 자리를 비정규직 노동자들이 차지해 결과적으로 취업 준비생의 기회를 빼앗을 것이며, 이는 역차별이라고 주장했어. 그리고 비정규직의 정규직 전환이 이루어지더라도 공개 채용과 같은 정당한 방식이어야 한다고 했지. 비정규직의 정규직화 이후, 기존 정규직과의 임금 격차 때문에 갈등이 일어날 수 있다고 우려하기도 했어.

청년 취업난이 날로 심각해지는 만큼 비정규직의 정규직화에 대한 국민의 관심이 무척 높은 것 같아. 절충점을 잘 찾아서 고용 안정성이 보장되는 사회가 되었으면 좋겠어.

4 | 기술 윤리

정보통신기술을 더 지혜롭게
이용할 수 있을까?

인공지능 창작물의 저작권, 인정해야 할까

오늘은 '인공지능 창작물의 저작권'를 주제로 토론하려고 해. 2021년 2월 정부가 인공지능 분야의 법과 제도를 정비하겠다고 발표한 이후, 인공지능이 만든 창작물의 저작권을 인정할 것인가에 관심이 쏠리고 있어.

인공지능AI, Artificial Intelligence이란 인간처럼 학습할 수 있고 문제를 해결하는 능력을 지닌 컴퓨터 시스템을 말해. 요즘은 인공지능이 소설을 쓰거나 그림을 그리고 음악을 작곡하는 등, 그동안 인간 고유의 영역이라고 여겨졌던 창작 분야에서도 활약하고 있어.

하지만 현행 저작권법에 따르면 인공지능이 만든 창작물은 저작권을 갖는 저작물로 인정되지 않아. 그래서 이와 관련한 법체계가 마련되어야 한다는 의견이 나오고 있어. 하루가 다르게 발달하는 인공지능이 만든 창작물에 대한 저작권을 인정하고 보호해야 하는 걸까?

우선 '저작권'에 대해 정확히 이해해 보자. 저작권은 저작물에 대해 저작자가 가지는 권리를 뜻해. 저작물에는 소설, 시, 논문, 음악, 연극, 그림, 사진, 영상, 컴퓨터 프로그램, 건축물 등이 두루 포함되지. 저작권은 저작자가 살아 있는 기간 및 사망 후 70년까지 보호되는데, 저작자가 죽은 뒤엔 가족 등에게 그 권리가 이어져. 이러한 저작권자의 저작물을 허락 없이 복제해 이용하거나 블로그, SNS 같은 곳에 올려 공유하는 등의 행위를 '저작권 침해'라고 해.

저작물을 만든 사람의 노력과 가치를 인정하고 권리를 보호하기 위해 만든 저작권법에 따르면, 저작물은 '인간의 사상 또는 감정을 표현한 창작물'이라고 규정되어 있어. 즉, 오직 인간만이 창작의 주체로 인정받을 수 있다는 의미지. 따라서 인공지능을 창작의 주체로 인정하려면 법을 개정해야 해.

Yes?
No?

● 토론 전에 생각해 보기 ●

☐ 인공지능이 인간의 능력을 대체할 수 있을까?

☐ 문학, 음악, 영화 등 창작 활동을 하는 데
필요한 능력은 무엇일까?

☐ 수많은 자료가 인터넷을 통해 공유되는 상황에서
저작권을 지키는 방법은 무엇일까?

☐ '인공지능 창작물의 저작권'에 대한
'나'의 생각은?

도움이 되는 자료들

인공지능이 그린
렘브란트풍 그림

게임에서도 인간을
능가한 인공지능

Yes!

현재의 저작권법은 인공지능이 등장하기 전에 만들어졌어. 오늘날의 상황에 맞게 저작권법을 수정·보완해 인공지능 창작물의 저작권을 보호해야 해.

  현재 각 나라의 저작권법은 대부분 인공지능이 등장하기 이전에 만들어졌어. 4차 산업 혁명 시대가 도래한 만큼 오늘날의 상황에 맞는 새로운 저작권법이 마련되어야 해. 〈자료 1〉에서 볼 수 있듯이 중국에서 세계 최초로 인공지능이 만든 창작물의 저작권을 인정했어. 그 밖의 다른 나라에서도 이미 인공지능 관련 법률 개정을 적극적으로 논의하는 추세야. 일본에서는 인공지능이 만든 창작물의 권리를 보호하기 위한 제도 마련을 검토 중이야. 유럽연합은 인공지능 창작물에 인간이 개입한 정도에 따라 이를 저작물로 인정할 수 있다는 가능성을 열어 놓았어. 영국은 인공지능이 만들어 낸 결과물의 경우에 이를 만드는

데 기여한 사람을 저작자로 간주하도록 저작권법상 저작자의 정의를 바꿨지. 우리나라도 2021년부터 본격적으로 인공지능 관련 법과 제도를 정비 중이야. 이번 기회에 인공지능 창작물에 대한 저작권 인정 여부, 저작권 소유 문제, 보호 범위 등 구체적인 지침이 마련됐으면 좋겠어.

카메라가 처음 발명됐을 때, 사진은 사물을 필름에 복제한 것에 불과하다는 이유로 저작권을 인정받지 못했어. 하지만 시간이 흐르면서 사진은 법적인 차원에서도 예술 작품으로 인정받게 됐지. 이와 마찬가지로 인공지능이 만든 창작물은 복제품이 아니야. 인공지능을 개발한 사람도 인공지능이 어떤 창작물을 내놓을지 예측할 수 없어. 이 같은 특성을 고려했을 때, 아마 머지않은 미래에 인공지능 창작물에 대한 저작권이 인정될 거라고 봐.

〈자료 1〉 중국, 세계 최초로 인공지능의 저작권 인정

중국 기업 텐센트는 자사의 인공지능 드림라이터가 작성한 기사를 잉신盈讯사가 허락 없이 사용해 저작권을 침해했다며 법원에 소송을 제기했다. 2020년 중국 법원은 인공지능 창작물의 저작권을 인정하는 동시에, 침해에 따른 손해 배상 판결을 내렸다. 텐센트의 드림라이터는 2015년 개발된 인공지능 프로그램으로, 다량의 데이터를 수집·분석해 연간 약 30만 편의 기사를 작성해 오고 있다. 중국 법원은 인공지능의 주도로 작성된 창작물이 어문 저작물의 형식적 조건을 충족하고, 표현 내용 또한 독창성이 있다고 판단해 텐센트의 손을 들어 줬다.

반대 1 ————————————————

현행 저작권법에 따르면, 인공지능은 창작의 주체가 될 수 없어. 인공지능의 창작물이란 사실상 데이터를 분석하고 조합한 결과물일 뿐이야.

　　　현재 우리나라 저작권법에서는 저작물을 인간의 사상과 감정이 담긴 창작물이라고 정의해 창작의 주체를 인간으로 한정하고 있어. 따라서 인공지능이 스스로 학습해 창작물을 만들어 냈다 하더라도, 인간이 아닌 기계이기 때문에 창작의 주체, 즉 저작자가 될 수 없지. 사실 인공지능의 창작물은 데이터를 분석하고 조합한 결과물이므로 그 안에 사상이나 감정이 담겨 있다고 보기도 어려워.

　우리나라뿐 아니라 다른 여러 나라에서도 인공지능을 비롯한 기계가 만든 창작물의 저작권을 인정하지 않아. 미국에서는 기계뿐 아니라 동물에도 이와 같은 판단을 적용한 바 있지. 〈자료 2〉

를 보면 알 수 있듯, 10여 년 전 미국에서 동물을 저작권자로 볼 수 있는가를 둘러싼 논란이 불거졌어. 이에 미국 법원은 저작권을 행사할 수 있는 주체는 인간뿐이라고 판결했지.

인공지능이 온전히 스스로 창작물을 만들었다고 볼 수 있는지도 의문이야. 학습할 수 있는 데이터 및 경제적·기술적 지원이 없었더라면 인공지능은 아무런 생산 활동을 하지 못했을 테니 말이야. 그렇기 때문에 인공지능을 개발한 개발자가 저작권을 소유해야 한다는 의견이 나오고 있는데, 이 또한 논리적으로 오류가 있어. 개발자들이 인공지능 프로그램에 대한 저작권을 갖는 건 맞아. 하지만 해당 인공지능이 데이터를 학습하고 활용해 창작물을 만드는 데에는 직접적인 영향을 미치지 않지. 인공지능 창작물에 대한 저작권 인정 여부를 논의하기 전에, 이처럼 복잡하게 얽혀 있는 문제들을 먼저 정리해야 하지 않을까 싶어.

〈자료 2〉 동물도 저작자가 될 수 있을까?

2011년 미국의 사진작가 데이비드 슬레이터가 인도네시아에 사진 촬영을 갔다. 그가 숲에 잠깐 카메라를 놓아 둔 사이에, 나루토라는 이름의 원숭이가 그 카메라로 자신의 사진을 여러 장 찍었다. 슬레이터는 이 원숭이의 '셀카'를 자신의 책에 실었는데, 이후 동물 보호 단체에서 슬레이터가 원숭이의 저작권을 침해했다며 저작권법 위반 소송을 제기했다. 이 사건을 두고 미국 법원은 원숭이는 사람이 아니므로 저작자가 될 수 없으며, 이에 따라 저작권 위반 소송 또한 받아들일 수 없다고 판결했다.

Yes!

인공지능이 만든 창작물이 점차 다양한 분야에서 활용되고 있어. 이에 따라 인공지능 창작물의 저작권 또한 당연히 보호되어야 해.

인정 저작권

인공지능이 세상에 없던 새로운 창작물을 만들어 낼 수 있다면, 그 창작물에 대한 저작권을 인정해야 해. 2016년 바둑 기사 이세돌 9단과 인공지능 알파고의 바둑 대결에서 알파고가 승리해 화제를 모으면서, 놀라울 만큼 빠른 속도로 발전하고 있는 인공지능에 사람들의 관심이 쏟아졌어. 오늘날 인공지능은 이용자의 취향을 분석해 상품을 추천하고, 자동차의 자율 주행을 가능하게 하고, 의사 대신 병을 진단하는 등 사회의 전 분야에 영향을 미치고 있지. 심지어 〈자료 3〉에서 볼 수 있는 것처럼, 그동안 오직 인간만이 할 수 있다고 여겨지던 창작 분야로까지 그 영역을 넓혔어. 데이터를 스스로 분석하고 학습하며 이를 바탕으로 창작물을 만드는 수준으로까지 발전한 거야. 그리고 이 창작물들은 다양한 방식으로 문화·예술 분야에서 활용되고 있지. 이렇게 인공지능이 만든 창작물이 활발하게 소비되는 상황이라면 저작권 또한 당연히 인정되어야 해.

인공지능이 만든 창작물의 저작권이 인정되면, 앞으로 인공지능 관련 산업뿐 아니라 창작 분야도 더욱 발전할 거라고 기대하는 사람이 많아. 저작권 사용료라는 경제적 가치가 발생하는 만큼, 더 많은 사람과 기업이 이 분야에 뛰어들 거란 분석이지. 하지만 계속해서 지금처럼 인공지능의 저작권을 인정하지 않는다면 사람들이 사용료 없이 그 창작물을 이용하게 될 테고, 인공지능 개발자들은 개발에 따른 수익을 기대할 수 없게 되기 때문에 창작 분야에 투자를 하지 않을 거야.

〈자료 3〉 인공지능의 창작 사례

- 2015년 일본의 호시 신이치 공상과학문학상에서 인공지능이 쓴 소설 「컴퓨터가 소설을 쓰는 날コンピュータが小説を書く日」이 1차 심사를 통과했다. 심사 위원들은 인공지능이 쓴 것이라는 사실을 알지 못했다.
- 2016년 마이크로소프트와 네덜란드 연구 팀이 학습시킨 인공지능이 1600년대에 활약한 네덜란드 화가 '렘브란트'풍의 그림을 그려 냈다.
- 2020년 국내 음악 플랫폼 지니뮤직에서 인공지능이 작곡한 동요 앨범을 출시했다. 이는 음악 데이터와 이론을 학습한 인공지능에 원하는 장르나 분위기, 감정 등의 키워드를 입력하는 방식으로 제작됐다.

No!

창조력은 기술 발달과 관계없는 인간만의 고유한 능력이야. 그리고 인공지능이 만든 창작물의 저작권을 인정하면 일반 창작자들이 설 자리가 좁아질 우려가 있어.

기술 수준이 많이 발전했지만 여전히 창조력은 인간의 고유한 능력으로 여겨져. 인공지능에 의해 탄생한 창작물이 아무리 수준 높다 해도, 이는 결국 인간의 창조력이 확장된 것에 불과해. 인공지능 자체가 인간에 의해 만들어진 데다, 인간이 만든 수많은 창작물을 데이터 삼아 결과를 도출하기 때문이야. 〈자료 4〉에서 볼 수 있듯이, 2020년 세계경제포럼에서는 인공지능이 대체할 수 없는 인간의 역량 세 가지 중 하나로 창의성을 꼽았어. 게다가 인공지능은 창작 의도나 자유의지, 비판 능력 등을 갖추고 있지 않다는 점에서도 창작자로 보기 어렵지.

한편 인공지능이 만든 창작물의 저작권을 인정한다면, 일반 창

170

작자들이 설 자리가 좁아질 것이 우려돼. 인공지능이 창작물을 만드는 속도는 인간과 비교할 수 없을 만큼 빨라. 창작을 위해 기나긴 고뇌의 과정을 거치는 인간과 달리, 인공지능은 엄청난 데이터를 바탕으로 창작물을 손쉽게 생산하니 말이야. 만약 인공지능 창작물의 저작권이 인정되어 개발자들이 이를 소유하게 된다면, 이들은 큰 노력을 들이지 않고도 인공지능을 통해 많은 창작물을 만들 수 있게 돼. 그러면 창작자들과의 형평성 문제가 발생할 수 있고, 장기적으로는 창작을 기반으로 한 예술 분야 자체가 무너지게 될지도 몰라.

또 인공지능에 데이터를 학습시키는 과정에서 해당 작품들의 저작권을 침해할 수 있다는 문제도 있어. 창작자들을 보호하기 위해서라도 인공지능 창작물의 저작권을 인정해서는 안 돼.

〈자료 4〉 인공지능이 대체할 수 없는 인간의 능력

세계경제포럼은 2020년 '더 잡스 리셋 서밋The Jobs Reset Summit'에서 발표된 전문가들의 의견을 종합해, 인공지능이 대체할 수 없는 인간의 세 가지 역량과 여섯 가지 기술을 제시했다. 세 가지 역량은 환대hospitality, 관리 management, 창의성creativity이다. 이를 바탕으로 하여, 비언어적 의사소통 능력, 고객에 대한 깊은 공감 능력, 성장 관리 능력, 마음 관리 능력, 집단지성 관리 능력, 조직 내 새로운 아이디어 실현 능력을 더 정교하게 갈고닦아야 한다고 강조했다.

• 출처: 「세계경제포럼, "이것이 AI도 대체 불가한 6가지 기술"」, 《AI타임스》, 2020.10.26.

토론 갈무리하기

이빈 토론 주제는 '인공지능 창작물의 저작권, 인정해야 할까' 였어. 찬성 측은 저작권법이 인공지능이 등장하기 한참 전에 만들어진 만큼, 오늘날의 상황에 맞게 수정·보완해 인공지능 창작물의 저작권을 보호해야 한다고 했어. 또 인공지능이 만든 창작물이 활발히 소비되는 상황에서 저작권 또한 당연히 인정되어야 한다고 주장했지.

반대 측은 현행 저작권법에 따르면 창작의 주체는 인간으로 한정되어 있기에 인공지능이 만든 창작물의 저작권을 원칙적으로 인정할 수 없다고 봤어. 또 창조력은 인간 고유의 능력이라고 했지. 인공지능 창작물의 저작권을 인정한다면 일반 창작자들과의 형평성 문제가 생기고 창작자들이 설 자리가 좁아질 거라고 우려하기도 했어.

인공지능의 발달은 우리 삶의 모습을 이전과 완전히 다르게 바꿔 놓았어. 앞으로 인공지능이 얼마나 더 빠른 속도로 발전할지 예측하기 어려운 상황에서, 인공지능 창작물의 저작권 문제 또한 계속해서 관심 있게 지켜보자.

주제 14

인공지능 채용, 도입해야 할까

  오늘은 '인공지능 채용'을 주제로 토론하려고 해. 4차 산업 혁명 시대에 들어서면서 채용 과정에 인공지능이 활용되고 있어. 최근에는 코로나19 확산으로 비대면 채용이 확대되면서 사람 대신 인공지능이 지원자의 서류를 검토·분류하고 면접을 보는 사례도 늘고 있지.

  인공지능은 채용 과정에서 평가자의 주관이 개입되는 것을 최소화하고 객관성과 공정성을 높인다는 점에서 긍정적인 평가를 얻고 있어. 반면에 인공지능이 지원자를 평가하고 채용 여부를 결정한다는 점에서 윤리적·기술적인 문제가 발생할 것을 우려하는 사람들도 있지.

인공지능이란 '인간이 지능을 바탕으로 사고하는 능력, 즉 학습 능력과 추론 능력, 언어 이해 능력 등의 기능을 갖춘 컴퓨터 시스템'을 말해. 인공지능 기술은 우리의 삶 깊숙이 자리 잡고 있어. 대표적인 예로 자율 주행차·챗봇(채팅 로봇)·사물 인터넷·빅 데이터 등이 있지. 그리고 이러한 인공지능을 구현하는 대표적인 방법이 바로 머신러닝Machine Learning, 즉 기계 학습이야. 말 그대로 기계가 어떤 조건에 어떤 작동을 할 수 있도록 인간이 미리 학습시켜 놓는다는 뜻이지.

이번 토론 주제인 인공지능 채용은 최근 몇 년 사이에 이뤄지기 시작했어. 인공지능이 노동 집약적 산업에서 생산성을 높이는 역할을 할 뿐 아니라, 전문적인 교육과 훈련이 필요한 자본·기술 중심의 산업에서도 위력을 발휘할 것으로 예상됐지. 나아가 인공지능이 앞으로 인간의 노동을 대체함으로써 인류의 삶을 편리하게 만들고, 기업의 생산성 향상에 기여할 거라는 주장도 있어. 그러나 한편으로는 인공지능이 인간을 대체하게 되면 많은 일자리들이 사라지고 윤리적·기술적인 문제가 발생할 수 있다는 지적도 있지.

Yes?
No?

● 토론 전에 생각해 보기 ●

- -

☐ 채용 과정에서 '나'를 평가하는 대상을
선택할 수 있다면, 인공지능과 인사 담당자 중
어느 쪽을 고를 것인가?

☐ 인공지능이 고도로 발달하면 어떤 일자리들이
먼저 사라지게 될까?

☐ '인공지능 채용'에 대한 '나'의 생각은?

- -

도움이 되는 자료들

부담스러운 새 면접관,
인공지능

인공지능의
최근 실수 10가지

Yes!

인공지능 채용이 도입되면 인사 담당자의 주관에 따라서만 채용 여부가 결정되는 문제를 예방할 수 있어.

　　　　인공지능 채용의 핵심은 사람을 대신해 인공지능이 지원자를 평가한다는 점이야. 인공지능이 수많은 지원서를 검토하고, 면접에서는 지원자의 표정·얼굴색의 변화·음성의 높낮이나 속도 등을 실시간으로 분석해 기업이 찾는 인재를 구별하고 평가하지. 그런 만큼 채용 과정은 더욱 공정하고 효율적으로 변할 거야. 유사한 문장을 골라내는 방식으로 자기소개서 대필·표절 등을 걸러 낼 수 있고, 채용 담당자가 특정 지원자에게 특혜를 주는 비리 또한 막을 수 있어.

　인공지능 채용이 도입되면 진정한 의미의 블라인드 채용(성별,

연령, 학력 등 편견 요소로 작용할 수 있는 정보를 배제하고 직무 능력만을 평가하여 채용하는 방식)도 가능해질 거야. 인간은 판단 과정에서 개인적인 감정이나 주관에 휘둘릴 수 있지만, 인공지능은 그렇지 않거든. 인공지능은 회사가 설정한 가치에 따라 지원자를 객관적으로 평가할 수 있다는 장점이 있어. 사회적으로 공정한 채용에 대한 요구가 거세지는 만큼, 앞으로 인공지능 채용은 더욱 늘어날 것으로 보여.

〈자료 1〉에 따르면 설문에 응한 기업 인사 담당자의 절반 이상이 인공지능 채용이 공정성을 강화하는 데 도움이 될 거라고 답했어. 그 근거로 사람의 주관 배제(76.9%, 복수 응답), 평가 기준 확립(35.5%), 투명 채용(33.1%), 부정 방지(18.2%) 등을 꼽았지. 같은 조사에서 44.6%의 기업이 공정한 채용을 위해 인공지능을 활용할 의향이 있다고 답하기도 했어.

〈자료 1〉 인공지능 채용이 공정성 강화에 도움이 되는가?
(기업 인사 담당자 222명 대상)

도움이 된다
54.5%

도움이 되지
않는다
45.5%

• 출처: 사람인(2020년)

**아직은 인공지능의 기술력을 완전히
신뢰할 수 없으므로 인공지능 채용을
도입하기엔 때가 일러. 평가 기준이
획일화되고 한쪽으로 치우칠
우려도 있지.**

인공지능 면접?

공정성

인공지능 채용의 기술력을 완전히 신뢰할 수 있을지 의문이 들어. 자기소개서나 서류를 검토하는 과정에서 인공지능을 일부 활용할 수는 있어. 하지만 인적성 평가나 면접 등에 활용하는 것은 적절하지 않다고 봐. 인공지능은 인간 특유의 인성과 감성, 개성을 구별해 낼 수 없기 때문이야. 성실, 끈기와 같은 인간 내면이 지닌 가치를 컴퓨터 프로그램으로 판단하는 것이 과연 가능할까?

또한 인공지능은 주어진 자료로만 지원자를 평가하기 때문에 평가 기준이 획일화되는 문제를 가져올 수 있어. 인공지능에 입력된 한정된 기준으로만 지원자를 평가해 자칫 뛰어난 능력을 지닌 인재를 놓칠 수도 있지. 인공지능 채용은 대부분 해당 기업에서 높은 성과를 낸 사람들의 자료를 바탕으로 이뤄져. 따라서 인사 담당자나 기업의 주관이 반영되는 경우가 많지. 이때 지원자의 창의성이나 개성이 무시되고, 편향성을 띤 평가 시스템이 정당한 것으로 잘못 인식될 우려가 있어. 〈자료 2〉의 사례가 얼마든지 반복될 수 있다는 점에서 인공지능 채용 도입은 신중히 검토되어야 해.

또 인공지능 채용이 확대되고 지원자들의 경험이 축적되면, 프로그램화되어 있는 인공지능의 채점 방식을 유추할 수 있게 될 거야. 이를 바탕으로 인공지능 채용에서 높은 점수를 받을 수 있는 모범 답안이 만들어진다면 채용 시스템의 실효성이 크게 떨어질 수도 있어.

〈자료 2〉 인공지능 채용의 부작용

미국의 전자 상거래 기업 아마존은 2014년부터 인공지능 채용 시스템을 개발해 왔다. 하지만 프로그램을 테스트한 결과 여성 차별 문제가 나타났다. 인공지능은 지원자의 이력서에 '여성'이라는 단어가 들어가 있으면 감점했고, 여대를 나온 지원자에게 불이익을 주기도 했다. 그 이유는 인공지능이 지난 10년간 회사가 수집한 이력서를 바탕으로 지원자를 심사했는데, 기존 이력서에 남성 지원자가 압도적으로 많았고, 그 결과 여성 지원자를 선호하지 않게 된 것이다. 아마존은 시스템 개선을 위해 노력했지만 실패했고, 결국 2018년 인공지능 채용 시스템을 중단했다.

찬성 2 ─────────────────

인공지능 채용을 도입하면 채용 과정에 드는 시간과 비용을 크게 줄일 수 있어. 면접 과정에서 시간·장소·인력에 구애를 받지 않는다는 장점도 있지.

인공지능 채용의 가장 큰 장점은 시간을 절약할 수 있다는 점이야. 수많은 지원 서류들을 일일이 검토하려면 상당한 시간과 인력이 필요해. 하지만 인공지능을 이용하면 〈자료 3〉에서 볼 수 있듯이 채용에 소요되는 시간과 비용을 획기적으로 줄일 수 있어.

우리나라 기업 'SK㈜ C&C'는 2017년 직접 개발한 인공지능 에이브릴Aibril을 활용해 SK하이닉스 신입 사원의 서류를 심사한 적이 있어. SK하이닉스에는 해마다 1만 명이 넘는 지원자들이 몰리는데, 에이브릴은 이 지원자들의 서류를 각각 3초 만에 파악해

8시간 만에 모든 검토를 끝냈다고 해. 인사 담당자 10명이 하루 8시간씩 쉬지 않고 검토해도 7일이나 걸리는 일을 짧은 시간에 끝낸 거야. 게다가 에이브릴과 인사 담당자의 평가 점수 오차 범위는 15% 이내에 불과했다고 해.

인공지능 채용을 도입하면 더 많은 지원자들에게 면접 기회를 제공할 수 있다는 장점도 있어. 기업은 면접을 위해 장소 마련, 시간 배분, 면접관 교육 등 다양한 준비를 해. 하지만 인공지능 면접이 이뤄지면 시간·장소·인력에 제약이 줄어들게 될 거야. 따라서 최대한 많은 사람들에게 면접 기회를 제공할 수 있게 되지. 지원자들 또한 원하는 시간과 장소에서 면접에 응할 수 있으니 심리적 부담을 덜고 시간과 비용을 아낄 수 있어. 이처럼 인공지능 채용은 기업과 지원자 모두에게 효율적이야.

〈자료 3〉 인공지능 채용의 효율성

우리나라의 IT 기업 마이다스아이티는 2017년 채용 과정에서 인공지능 면접을 도입했다. 그 결과 2016년과 비교해 약 2억 7,000만 원의 채용 비용을 절감했다. 채용에 사용한 시간 또한 5분의 1로 줄었다. 인재 채용 면에서도 성과가 있었다. 기업 내 성과가 높은 인재들의 데이터를 기반으로 신입 사원을 채용했는데, 신입 사원 중 교육 평가에서 A 이상을 받은 비율이 10%에서 25%로 늘었다.

No!

반대 2 ————————————

**인공지능 채용을 도입하면
취업 준비생의 부담이 더욱 커질 거야.
또 지원자의 신상·신체 정보 등
개인 정보가 유출될 수도 있어.**

인공지능 채용을 도입하면 취업 준비생의 부담이 커질 우려가 있어. 〈자료 4〉에서 볼 수 있듯이 실제로 취업 준비생들은 인공지능 채용에 큰 부담을 느끼고 있어. 심각한 취업난에 스펙을 쌓기도 버거운데, 인공지능 면접까지 따로 준비하기 어렵다는 거지.

또 인공지능이 수집하는 개인 정보가 유출될 것을 걱정하는 의견도 있어. 인공지능 채용 과정에서는 지원자의 신상과 관련된 정보뿐 아니라 표정, 음성, 심박 수 같은 신체 정보, 가치관, 특정 상황에서의 대응 방법 등까지 데이터로 저장돼. 만약 기업이 이

데이터를 악용하거나 정보가 유출되어 범죄에 이용된다면 심각한 문제가 발생할 수도 있어. 게다가 이 같은 문제를 방지할 법률이나 제도 또한 아직 마련되지 않은 상황이라 더욱 조심스럽지.

그리고 인공지능의 치명적인 약점은 인간의 실수를 이해하는 '아량'이라는 개념이 없다는 거야. 인간은 완벽한 존재가 아니니까 긴장했을 때 말을 더듬거나 숨이 가빠질 수 있고, 순간의 실수로 잘못된 대답을 할 수도 있어. 인사 담당자들은 이 같은 상황을 고려해 면접자들이 심리적 안정을 찾을 수 있도록 돕거나, 다시 생각하고 대답할 기회를 주기도 하지. 하지만 인공지능은 특수한 상황이나 변수를 고려하지 않는다는 점에서 한계가 있어.

〈자료 4〉 인공지능 채용에 부담감을 느끼는가? (구직자 1,458명 대상)

| 부담을 느낀다 | 60.2% | 39.8% | 부담 없다 |

*부담을 느끼는 이유(복수 응답)

관련 정보 자체가 부족해서	60.2%
무엇을 준비해야 할지 몰라서	50.3%
평가 기준이 모호해서	39.8%
AI 전형을 위한 준비 시간, 비용이 늘어서	23.5%
일반 전형과 동시에 준비해야 해서	14.6%

• 출처: 사람인(2019년)

이번 토론 주제는 '인공지능 채용, 도입해야 할까'였어. 찬성 측은 인공지능 채용을 도입하면 각종 채용 비리 및 부정행위를 예방할 수 있으며, 인사 담당자의 선입견과 편견이 배제된 진정한 블라인드 채용이 이루어질 수 있다고 주장했어. 또 채용 과정에 필요한 시간과 비용을 크게 줄일 수 있다고 했지. 기업의 비용·시간·인력 부담이 줄어, 결과적으로 더 많은 지원자에게 면접 기회를 제공할 수 있다고도 했어.

반대 측은 인공지능 채용 기술을 신뢰하기 힘들다고 주장했어. 인공지능이 서류 검토 과정에서는 유용할 수 있지만, 인·적성 평가나 면접 등 인간 특유의 감성과 개성을 구별해야 하는 상황에서는 적합하지 않다고 봤지. 또 평가 기준이 획일화될 수 있고, 취업 준비생들의 부담이 더욱 커질 거라고 했어.

현재 인공지능은 놀랄 정도로 빠르게 발달하고 있어. 앞으로 인공지능이 채용 방식에 어떤 변화를 가져올지 함께 지켜보도록 하자.

실시간 검색어 폐지,
유지해야 할까

검색어 순위 **1**위

오늘은 '실시간 검색어 폐지'를 주제로 토론하려고 해. 카카오는 2020년 2월부터 자사의 포털 사이트 '다음'에서 실시간 검색어를 폐지했어. 카카오는 실시간 검색어가 순기능을 상실해 서비스를 중단하게 됐으며, 그 부작용을 보완한 뉴스·검색 서비스를 준비하겠다고 밝혔지. 뒤이어 2021년 2월에는 국내 최대 포털 사이트 네이버 역시 실시간 검색어 서비스를 16년 만에 중단했어.

실시간 검색어 서비스(이하 실검)는 포털 사이트에서 실시간으로 검색량이 급증한 순위를 보여 줘. 재난이나 사고 등 국민이 신속하게 알 필요가 있는 정보뿐 아니라, 다른 이용자들의 관심사나 최신 이슈를 알려 준다는 장점이 있지. 하지만 실검은 여론을 조작하고 정치적·상업적으로 이용되고 있다는 비판을 받고 있기도 해.

실검은 포털 사이트에서 제공하는 대표적인 서비스 가운데 하나로, 여론을 신속하고 정확하게 보여 주는 지표로 간주되어 왔어. 연예인을 비롯한 많은 사람과 기업은 자신과 관련된 키워드가 실검에 오르길 원하고 있지. 실검 노출이 홍보에 도움이 되어 경제적 이익을 가져오는 경우가 많기 때문이야. 그러나 실검이 악용되며 공익적 목적을 잃어 가는 측면도 있어.

그런 면에서 실검 폐지 결정은 매체 윤리를 지키기 위한 취지로 볼 수 있어. 정보사회에서 각종 정보와 콘텐츠를 제공하는 매체는 객관성과 공정성을 지키기 위해 노력할 의무가 있지. 사회적으로 이해관계가 대립하는 문제에 대해서는 치우친 관점을 보이지 않도록 주의하고, 국민의 알 권리를 보장하기 위해 표현의 자유에 충실하되, 이것이 공익이나 국익에 어긋나지 않아야 해.

Yes?
No?

● 토론 전에 생각해 보기 ●

- ☐ 실시간 검색어를 클릭해 본 적이 있는가?
  어떤 정보를 얻었는가?

- ☐ 실시간 검색어를 어느 사이트에서도 볼 수 없다면
  어떤 일이 벌어질까?

- ☐ 실시간 검색어를 이용한 여론 조작이나 노골적인
  광고를 규제할 방법은 없을까?

- ☐ '실시간 검색어 폐지'에 대한 '나'의 생각은?

도움이 되는 자료들

실검 1위 하려면
몇 명이 검색해야 할까?

실검 폐지 이후
한 달 어땠나

실검 순위 조작이 가능한 상황에서 여론 조작에 대한 우려의 목소리가 나오고 있어. 실검이 정치적으로 이용되는 것은 심각한 문제야.

실검 서비스는 최신 이슈가 무엇인지 알려 주고, 태풍이나 지진 같은 자연재해나 사고에 관한 정보를 빠르게 전달해 주기 위한 공익적 목적에서 만들어졌어. 하지만 정치적·상업적 목적으로 실검 순위를 의도적으로 조작하는 일이 증가하고 있어 문제야.

실검 순위는 본래 인터넷 이용자들의 검색을 통해 형성돼. 하지만 많은 사람이 특정 시간에 같은 키워드를 반복해 입력하거나, 매크로 조회 수 조작 프로그램 같은 것을 이용하면 원하는 키워드를 검색어 순위에 올릴 수 있어. 이 같은 특성을 악용해 실검 순위를 조작하는 경우도 많지. 실검 순위를 의도적으로 조작하는 것은 여론을 조작하는 것과 다름없어. 어떤 키워드나 의견이 실검 상위권에 오르면 '다수의 사람들이 이 키워드에 관심이 있거나, 이 같은 생각을 갖고 있다.'라고 섣불리 판단하게 될 위험이 있지.

이러한 특성을 활용해 실검을 정치적으로 이용하는 것은 심각한 문제야. 2019년 조국 전 법무부 장관의 취임부터 사퇴까지의 과정에서 정치적인 메시지를 담은 다수의 구호가 실검 순위에 올랐어. 조 전 장관을 지지하는 구호와 반대하는 구호가 연달아 검색어에 등장하면서 '실검 전쟁'이 벌어지기도 했지.

〈자료 1〉만 봐도 많은 사람이 실검 폐지에 찬성한다는 것을 알 수 있어. 대중의 지지를 얻지 못하는 실검 서비스를 굳이 유지할 이유는 없어.

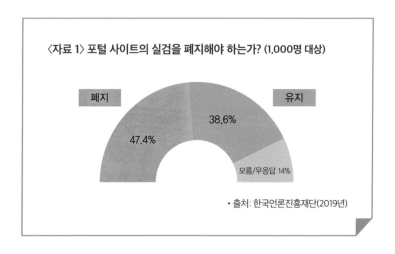

〈자료 1〉 포털 사이트의 실검을 폐지해야 하는가? (1,000명 대상)

폐지   유지
38.6%
47.4%
모름/무응답 14%

• 출처: 한국언론진흥재단(2019년)

No!

반대 1 ────────────────

**실검은 정보 공유, 여론 파악 등
긍정적 측면을 지니고 있어.
그런데 부정적 측면만 부각되는 것 같아
안타까워.**

검색어 순위 **1**위

　　　우리는 실검을 통해 인터넷 공간에서 개인의
관심·다양한 사회 이슈 등을 자연스럽게 공유하고 여론을 파악
할 수 있어. 〈자료 2〉에 따르면, 포털 사이트 이용자의 75.4%가 실
검을 확인한 뒤에 뉴스 기사를 본다고 해. 이처럼 실검은 현재 가
장 주목받는 이슈가 무엇인지 보여 주고, 이용자들이 관련 정보
를 손쉽게 확인할 수 있도록 하는 역할을 해 왔어.

　한편 실검은 태풍, 지진 등 자연재해가 발생했을 때 국민들이
위험을 인지하도록 돕기도 해. 실제로 2016년 경주에 지진이 발
생했을 때 언론사 속보가 보도되기 전에 '지진'이 실검 순위에 올

라 발 빠르게 소식을 전한 바 있어. 이 외에도 실검은 갑작스러운 사고 소식을 사람들에게 신속히 알려 이에 대비할 수 있도록 해. 이를테면 지하철 고장이나 교통사고 관련 내용이 실검에 오르면, 다른 교통수단을 이용하거나 우회 도로를 선택하는 등 적절히 대처할 수 있지. 이처럼 실검이 지니고 있는 긍정적 측면도 많은데, 부정적 측면만 부각되는 것 같아 안타까워.

실검은 그 자체로 중요한 빅 데이터이기도 해. 빅 데이터는 디지털 환경에서 생성되는 대규모 자료로 여러 분야에서 부가가치를 창출하고 있어. 실검이 폐지되면 이용자 개개인에게 불편을 가져올 뿐만 아니라, 사회적으로도 큰 경제적 손해를 입힐 거야.

한편, 실검이 여론 조작에 이용될 수 있다는 의견이 있는데, 아직 이와 관련한 근거는 명확하게 밝혀진 바가 없어.

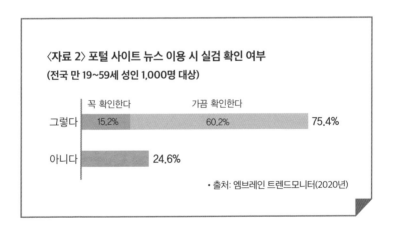

〈자료 2〉 포털 사이트 뉴스 이용 시 실검 확인 여부
(전국 만 19~59세 성인 1,000명 대상)

	꼭 확인한다	가끔 확인한다	
그렇다	15.2%	60.2%	75.4%
아니다	24.6%		

• 출처: 엠브레인 트렌드모니터(2020년)

Yes!

실검은 기업의 광고 마케팅 수단으로 악용되고 있어. 또 거짓 정보를 생산하고 퍼뜨리는 도구가 되고 있지.

실검은 이미 '기업 광고판'으로 전락했어. 중요한 이슈가 생겼나 싶어 궁금한 마음에 실검을 클릭해 보면, 기업이나 상품 광고가 뜨는 경우가 많아. 실제로 〈자료 3〉을 보면 기업 광고에 실검이 활발히 활용되고 있음을 알 수 있어. 현재 다수의 전자 상거래 업체들도 적극적으로 실검 마케팅을 펼치고 있지. 이는 소비자들이 포털 사이트에 특정 키워드를 검색하면 기업이 소비자들에게 할인 쿠폰 등 혜택을 제공하는 식으로 이뤄져. 이로 인해 자연스럽게 해당 기업의 특정 단어가 실검에 오르게 되고, 이를 통해 소비자의 유입이 늘어나게 되지.

그런가 하면 광고용 퀴즈를 활용하는 업체도 있어. 이 업체들은 특정 상품에 관한 퀴즈를 내고, 정답을 맞힌 고객에게 상금을 지급해. 퀴즈의 정답을 포털 검색을 통해 찾을 수 있도록 함으로써 이용자들의 검색을 유도하지. 그래서 관련 단어들이 실검에 쉽게 오를 수 있어.

실검을 의식해 작성된 일명 '검색어 기사', 즉 포털 사이트의 실시간 검색어를 토대로 작성된 기사가 넘쳐 나는 것도 문제야. 여러 매체에서는 조회 수를 늘리고 광고주를 끌어오기 위해 검색어 기사를 활용하고 있어. 검색어 기사는 일반적으로 알맹이가 없는 낚시성 기사인 경우가 대부분이야.

허위 정보가 실검 순위에 오르는 일도 빈번해. 자칫 검색어에 오른 거짓 정보가 사실인 양 사람들의 머릿속에 각인되는 위험한 상황을 초래할 수도 있어. 이처럼 여러 부작용을 지닌 실검은 폐지되어야 해.

〈자료 3〉 네이버 실검 키워드 분석

2019년 9월 1~19일(오후 3시 기준) 네이버 실검 키워드를 분석한 결과, 1위를 차지한 키워드들 중 78.9%가 기업 상품 홍보를 위한 퀴즈 이벤트였고, 분석 대상이 된 전체 380개 키워드 중 96개(25.3%)가 기업 광고로 밝혀졌다.

• 출처: 국회 과학기술정보방송통신위원회 소속 김성태 의원실(2019년)

**여전히 실검을 유용하게 이용하고 있는
사람이 많아. 따라서 이를 당장 폐지하기
보다는 부작용을 줄이기 위한 대책을
마련하는 것이 중요해.**

〈자료 4〉를 보면 실검을 완전 폐지하기보다
는 노출되는 실검 주제나 개수를 제한하는 것이 낫다는 의견도
많다는 걸 알 수 있어. 이처럼 당장 실검을 폐지하기보다는 그 부
작용을 줄이기 위한 방법을 찾는 일이 우선이야. 포털 사이트 구
글처럼 애초에 실검에 접근하기 어렵게 만드는 방법도 고려해 볼
수 있어. 구글에서는 '구글 트렌드'라는 검색어 키워드 서비스를
제공하고 있어. 포털 사이트 메인에 실검을 배치한 네이버·다음
과는 달리, 이용자가 실검을 보고 싶다면 직접 찾아 들어가야 한
다는 것이 특징이지. 일별·실시간 인기 검색어를 보여 주고, 키워

드를 검색했을 때 기간별 관심도, 지역별 관심도, 관련 주제 등도 보여 줘.

2021년 2월 네이버가 실검 서비스를 중단한 이후, 사회 이슈를 알기 어려워 불편하다며 실검 부활을 주장하는 의견이 나오고 있어. 이 같은 주장에 불을 붙인 건 2021년 3월 안드로이드 스마트폰 앱 실행이 중단된 사건이었어. 최대 책임 기업인 구글이 7시간 넘게 제대로 된 안내를 하지 않아 많은 이용자가 개인 기기 오류라 생각했고, 삼성·LG 등 스마트폰 기업에서 곤욕을 치렀지. 이를 두고 만약 실검 서비스가 유지돼 '앱 먹통', '구글 오류' 등의 키워드가 등장했다면 혼란을 줄일 수 있었을 것이라는 지적이 일었어. 그런 만큼 실검을 무조건 폐지하기보다 건강하게 이용할 수 있도록 보완하고, 실검 악용에 대한 처벌을 강화하면 어떨까 싶어.

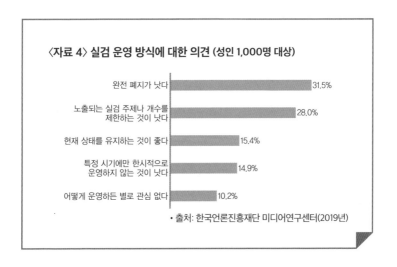

〈자료 4〉 실검 운영 방식에 대한 의견 (성인 1,000명 대상)

항목	비율
완전 폐지가 낫다	31.5%
노출되는 실검 주제나 개수를 제한하는 것이 낫다	28.0%
현재 상태를 유지하는 것이 좋다	15.4%
특정 시기에만 한시적으로 운영하지 않는 것이 낫다	14.9%
어떻게 운영하든 별로 관심 없다	10.2%

• 출처: 한국언론진흥재단 미디어연구센터(2019년)

토론 갈무리하기

이번 토론 주제는 '실시간 검색어 폐지, 유지해야 할까'였어. 실검 폐지를 찬성하는 측은 정치적·상업적 목적으로 실검 순위를 의도적으로 조작하는 일이 증가하고 있다고 지적했어. 이것이 여론 조작으로 이어질 것을 우려했지. 실검이 정치적으로 이용되거나 기업의 광고 마케팅 수단으로 악용되고 있다는 의견도 있었어. 나아가 '검색어 기사'와 루머를 생산·유포하는 도구가 되고 있다고 주장하기도 했지.

반대 측은 실검이 대중의 관심을 공유하고 재난이나 사고 소식을 빠르게 전달하는 등 순기능도 발휘하는데, 부정적인 면만 부각되어 안타깝다고 했어. 또 여전히 실검을 유용하게 이용하는 사람이 많으므로, 폐지하기보다는 부작용을 개선하는 것이 더 중요하다고 봤지.

국내 대표 포털 사이트인 네이버와 다음이 실검을 폐지했지만, 여전히 실검 폐지를 둘러싼 의견이 분분해. 특히 카카오는 카카오톡의 '다음 탑 인기검색어'처럼, 사실상 실검과 다를 바 없는 서비스를 제공하고 있기도 하지. 실검 폐지 문제가 어떤 결과로 이어질지 계속 관심을 갖고 지켜보도록 하자.

시장 개입_ 정부가 경제에 얼마나 관여해야 할까?

• 코로나 이익 공유제, 도입해야 할까

중학교 『사회 ②』 3. 경제생활과 선택 02. 기업의 역할과 사회적 책임

고등학교 『통합사회』 V. 시장 경제와 금융 2. 시장 경제의 발전을 위한 참여자의 역할

• 재난 기본 소득 도입, 꼭 필요할까

중학교 『사회 ②』 5. 국민 경제와 국제 거래 02. 물가 상승과 실업

고등학교 『사회·문화』 IV. 사회 계층과 불평등 4. 사회 복지와 복지 제도

• 도서 정가제, 유지해야 할까

중학교 『사회 ②』 4. 시장 경제와 가격 02. 수요·공급과 시장 가격의 결정

• 설탕세, 도입해야 할까

중학교 『사회 ②』 3. 경제생활과 선택 02. 기업의 역할과 사회적 책임

자유와 보호_ 안전을 위한 규제는 어디까지가 적절할까?

• 촉법소년 처벌, 강화해야 할까

고등학교 『정치와 법』 V. 사회생활과 법 02. 형사 절차와 인권 보장

• 학교 폭력, 학생부에 기재해야 할까

중학교 『도덕 ②』 I. 타인과의 관계 03. 폭력의 문제

· 전동 킥보드 규제, 유지해야 할까

중학교 『도덕 ②』 II. 사회·공동체와의 관계 01. 도덕적 시민

중학교 『사회 ②』 10. 환경 문제와 지속 가능한 환경 03. 생활 속의 환경 쟁점

· 수술실 CCTV 설치, 의무화해야 할까

고등학교 『생활과 윤리』 IV. 과학과 윤리 02. 정보 사회와 윤리

평등_ **사회 각 분야의 차별을 없앨 방법은 무엇일까?**

· 고교 학점제 도입, 이대로 괜찮을까

중학교 『진로와 직업』 III. 진로 탐색 3-1. 교육 기회의 탐색

· 여성 징병제 도입, 정말 필요할까

중학교 『사회 ①』 7. 개인과 사회생활 03. 사회 집단과 사회 갈등

고등학교 『생활과 윤리』 III. 사회와 윤리 03. 국가와 시민의 윤리

· 행정 수도, 이전해야 할까

중학교 『사회 ②』 2. 헌법과 국가 기관 02. 대통령과 행정부의 역할

고등학교 『통합사회』 III. 생활 공간과 사회 1. 산업화·도시화에 따른 변화와 문제점

· 공공 부문 비정규직의 정규직화, 꼭 해야 할까

중학교 『사회 ①』 7. 개인과 사회생활 03. 사회 집단과 사회 갈등

고등학교 『생활과 윤리』 III. 사회와 윤리 03. 국가와 시민의 윤리

기술 윤리_ 정보통신기술을 더 지혜롭게 이용할 수 있을까?

• 인공지능 창작물의 저작권, 인정해야 할까

중학교 『기술·가정 ②』 V. 미디어와 정보 통신 기술 3. 통화에서 문화로 가는 이동 통신

• 인공지능 채용, 도입해야 할까

중학교 『도덕 ②』 Ⅲ. 자연·초월과의 관계 02. 과학과 윤리

고등학교 『생활과 윤리』 I. 현대의 삶과 실천 윤리 01. 현대 생활과 실천 윤리

• 실시간 검색어 폐지, 유지해야 할까

고등학교 『생활과 윤리』 Ⅳ. 과학과 윤리 02. 정보 사회와 윤리

북트리거 일반 도서

북트리거 청소년 도서

야무지게, 토론!

경제, 정치, 사회의 최첨단을 가로지르는 15가지 논쟁

1판 1쇄 발행일 2021년 8월 10일
1판 4쇄 발행일 2024년 7월 10일

지은이 박정란
펴낸이 권준구 | **펴낸곳** (주)지학사
편집장 김지영 | **편집** 공승현 명준성 원동민
책임편집 양선화 | **일러스트** 이창우 | **그래프 일러스트** 김상준 이도훈
표지 디자인 스튜디오 진진 | **본문 디자인** 이혜리
마케팅 송성만 손정빈 윤술옥 | **제작** 김현정 이진형 강석준 오지형
등록 2017년 2월 9일(제2017-000034호) | **주소** 서울시 마포구 신촌로6길 5
전화 02.330.5265 | **팩스** 02.3141.4488 | **이메일** booktrigger@naver.com
홈페이지 www.jihak.co.kr | **포스트** post.naver.com/booktrigger
페이스북 www.facebook.com/booktrigger | **인스타그램** @booktrigger

 ISBN 979-11-89799-55-7 43300

* 책값은 뒤표지에 표기되어 있습니다.
* 잘못된 책은 구입하신 곳에서 바꿔 드립니다.
* 이 책의 전부 또는 일부 내용을 재사용하려면 반드시 저작권자의 사전 동의를 받아야 합니다.

북트리거

트리거(trigger)는 '방아쇠, 계기, 유인, 자극'을 뜻합니다.
북트리거는 나와 사물, 이웃과 세상을 바라보는 시선에 신선한 자극을 주는 책을 펴냅니다.